本研究成果得到中国社会科学院国家高端智库建设项目和外交部中国—中东欧国家关系研究基金项目的资助。

国家智库报告 2016（52）
National Think Tank

经济

中国—中东欧经贸合作进展报告（2016）

陈新 杨成玉 著

THE REPORT ON CHINA-CEEC ECONOMIC AND TRADE COOPERATION (2016)

中国社会科学出版社

图书在版编目(CIP)数据

中国—中东欧经贸合作进展报告.2016／陈新，杨成玉著.—北京：中国社会科学出版社，2016.12

（国家智库报告）

ISBN 978-7-5161-5642-1

Ⅰ.①中… Ⅱ.①陈…②杨… Ⅲ.①国际合作—经贸合作—研究报告—中国、欧洲—2016 Ⅳ.①F125.55

中国版本图书馆 CIP 数据核字(2016)第 292483 号

出 版 人	赵剑英
责任编辑	王 茵
特约编辑	范晨星
责任校对	刘 娟
责任印制	李寡寡

出 版	中国社会科学出版社
社 址	北京鼓楼西大街甲 158 号
邮 编	100720
网 址	http://www.csspw.cn
发 行 部	010-84083685
门 市 部	010-84029450
经 销	新华书店及其他书店
印刷装订	北京君升印刷有限公司
版 次	2016 年 12 月第 1 版
印 次	2016 年 12 月第 1 次印刷
开 本	787×1092 1/16
印 张	11.75
插 页	2
字 数	156 千字
定 价	49.00 元

凡购买中国社会科学出版社图书，如有质量问题请与本社营销中心联系调换
电话：010-84083683

版权所有　侵权必究

摘要：2016年，中国—中东欧合作机制已进入第五个年头。近年来，中国—中东欧合作取得丰富成果，特别是双方在经贸领域的合作逐渐发展与深化。衡量经贸合作进展离不开对合作对象营商环境的评估以及对双边合作关系的综合评价，本报告通过可视化的方式，结合中东欧国家营商环境、中国—中东欧国家双边合作研究体系的建立以及指数计算，展示过去5年中国—中东欧经贸合作所取得的进展。

本报告的基本思路是建立"中东欧国家营商环境"（x轴）以及"中国与中东欧国家双边合作"（y轴）这两个指标体系，通过坐标轴将中东欧16个国家在中国—中东欧合作机制中取得的进展形象地展示出来，同时评估中东欧国家营商环境以及中国—中东欧国家双边合作的动态关系。本报告的创新之处是建立"中国—中东欧经贸合作进展坐标图"，一目了然地展示中国—中东欧经贸合作所取得的进展。

中东欧国家营商环境指标体系、中国与中东欧国家双边合作指标体系的计算共运用了100多个宏观指标数据，并结合数理模型进行指数计算和表达，意在全面、科学、客观地展现中东欧国家营商环境、中国与中东欧国家双边合作水平。指标数据主要来源于世界银行、联合国贸易和发展会议以及其他国际知名机构的权威数据库，均采用最新版本进行数据分析及处理。

本报告是中国社会科学院欧洲研究所创新工程项目"欧洲经济竞争力"的研究成果之一，报告还得到了中国—中东欧国家关系研究基金以及中国社会科学院高端智库建设经费的部分资助，在此表示感谢。

本报告，课题主持人为中国社会科学院欧洲研究所经济研究室主任陈新研究员，课题组成员为杨成玉助理研究员。课题研究过程中，中国社会科学院欧洲研究所胡琨副研究员、孔田平研究员、刘作奎研究员、李奇泽助理研究员等对本报告提供了宝贵建议，在此表示感谢。中国—中东欧国家智库交流与合作网络秘书处也为本项研究的开展提供了便利,在此特别感谢中国社会科学院欧洲研究所所长、中国—中东欧国家智库交流与合作网络秘书长黄平研究员的大力支持。

  本报告作为学术成果,依据数据说话,对所涉及的中东欧16国中的任何国家不持特定立场,研究成果也不代表任何官方立场。数据截止日期为2016年7月底。

Abstract: The year 2016 is the fifth year of China – CEEC Cooperation Mechanism. Recently, China – CEEC Cooperation had made plentiful achievements, especially in the development and deepening trade and economy. The assessment of business environment of the partner and the comprehensive evaluation of bilateral cooperation are the key to measuring the development of the cooperation. The Report will combine the business environment of CEEC with the establishment and index of China – CEEC Cooperation Mechanism in a very visual way to show the development of last 5 years.

Concerning the business environment of CEE countries, the Report will use the mathematical models to evaluate the development of the business environment of CEE countries scientifically according to the index data, such as the national administration, macro economy, trade, finance, investment and financing, infrastructure, social environment and innovation ability of the CEE countries, to provide a reference for the Cooperation of China and 16 CEE Countries (hereinafter "16 + 1 Cooperation") . In regard to the bilateral cooperation of China – CEEC countries, the Report will evaluate the development and level of the cooperation based on the index data for cooperation, including politics, trade, finance, investment and people – to – people exchanges. Based on the results of the analysis, the Report will establish a coordinate graph of the development of China – CEEC Cooperation. The indicator systems of the business environment of CEE countries (x – axis) and the bilateral cooperation of China – CEE countries (y – axis) visualize the development of the cooperation while assessing the dynamic relationship involved therein.

The Report is one of the research outputs of the CASS Innovation Program "Economic Competitiveness in European Countries". The research had also received fund from China – CEEC Relationship Research Fund (project number KT201605), and support from China - CEEC Think Tank Network. The authors would like to thank for the comments and help from Prof. Huage Ping, Pro. Kong Tianping, Dr. Liu Zuokui, Dr. Hu Kun, and Li Qize. The data collection had been closed by the end of July 2016.

目　录

一　中国—中东欧经贸合作评价体系的构建 …………………（1）
　（一）评价体系的构建背景及意义 ……………………………（1）
　（二）中东欧国家营商环境评价体系 ……………………………（2）
　　　1. 行政环境模块 …………………………………………（2）
　　　2. 宏观经济模块 …………………………………………（3）
　　　3. 贸易环境模块 …………………………………………（3）
　　　4. 金融环境模块 …………………………………………（4）
　　　5. 投融资环境模块 ………………………………………（4）
　　　6. 基础设施模块 …………………………………………（5）
　　　7. 社会环境模块 …………………………………………（5）
　　　8. 创新能力模块 …………………………………………（6）
　（三）中国—中东欧国家双边合作评价体系 ……………………（6）
　　　1. 政治合作模块 …………………………………………（6）
　　　2. 贸易合作模块 …………………………………………（7）
　　　3. 金融合作模块 …………………………………………（7）
　　　4. 投资合作模块 …………………………………………（8）
　　　5. 人文交流模块 …………………………………………（8）

二　中国—中东欧合作评价体系指标的数据说明 ……………（9）
　（一）数据处理说明 ……………………………………………（9）
　（二）中东欧国家营商环境评价体系 ……………………………（9）

1. 行政环境模块 …………………………………………… (9)
2. 宏观经济模块 …………………………………………… (14)
3. 贸易环境模块 …………………………………………… (22)
4. 金融环境模块 …………………………………………… (27)
5. 投融资环境模块 ………………………………………… (30)
6. 基础设施模块 …………………………………………… (36)
7. 社会环境模块 …………………………………………… (42)
8. 创新能力模块 …………………………………………… (47)

(三)中国—中东欧国家双边合作评价体系 ……………… (50)
1. 政治合作模块 …………………………………………… (50)
2. 贸易合作模块 …………………………………………… (56)
3. 金融合作模块 …………………………………………… (59)
4. 投资合作模块 …………………………………………… (61)
5. 人文交流模块 …………………………………………… (63)

三 中东欧营商指数及中国—中东欧双边合作指数 ……… (69)
(一)模型指标体系的构建 …………………………………… (69)
(二)计量模型 ………………………………………………… (72)
1. 计量模型的选择 ………………………………………… (72)
2. 计量模型的说明 ………………………………………… (73)
(二)实证分析结果 …………………………………………… (76)
1. 2011 年中东欧营商环境指数 …………………………… (76)
2. 2011 年中国—中东欧双边合作指数 …………………… (79)
3. 2016 年中东欧营商环境指数 …………………………… (82)
4. 2016 年中国—中东欧双边合作指数 …………………… (86)

四 中东欧营商环境及中国—中东欧双边合作模块分析 … (91)
(一)中东欧国家营商环境模块分析 ………………………… (91)
1. 行政环境模块 …………………………………………… (91)

2. 宏观经济模块 …………………………………… （92）
　　3. 贸易环境模块 …………………………………… （93）
　　4. 金融环境模块 …………………………………… （93）
　　5. 投融资环境模块 ………………………………… （94）
　　6. 基础设施模块 …………………………………… （95）
　　7. 社会环境模块 …………………………………… （95）
　　8. 创新能力模块 …………………………………… （96）
　（二）中国—中东欧国家双边合作模块分析 ………… （96）
　　1. 政治合作模块 …………………………………… （97）
　　2. 贸易合作模块 …………………………………… （97）
　　3. 金融合作模块 …………………………………… （98）
　　4. 投资合作模块 …………………………………… （99）
　　5. 人文交流模块 …………………………………… （99）

五　中东欧营商环境及中国—中东欧双边合作国别
　　分析 ……………………………………………………… （101）
　（一）阿尔巴尼亚 ……………………………………… （101）
　（二）波黑 ……………………………………………… （102）
　（三）保加利亚 ………………………………………… （103）
　（四）克罗地亚 ………………………………………… （104）
　（五）捷克 ……………………………………………… （106）
　（六）爱沙尼亚 ………………………………………… （107）
　（七）匈牙利 …………………………………………… （108）
　（八）拉脱维亚 ………………………………………… （109）
　（九）立陶宛 …………………………………………… （111）
　（十）马其顿 …………………………………………… （112）
　（十一）黑山 …………………………………………… （113）
　（十二）波兰 …………………………………………… （114）
　（十三）罗马尼亚 ……………………………………… （115）

(十四) 塞尔维亚 …………………………………………… (117)
(十五) 斯洛伐克 …………………………………………… (118)
(十六) 斯洛文尼亚 ………………………………………… (119)
(十七) 本章小结 …………………………………………… (120)

六 中东欧营商环境及中国—中东欧双边合作坐标图分析 ……………………………………………………… (123)
(一) 基于坐标轴区位分布分析 …………………………… (123)
(二) 基于跨时间的分布动态分析 ………………………… (123)
(三) 基于坐标轴趋势线的分析 …………………………… (127)

七 中国—中东欧经贸合作进展路径及政策建议 ………… (129)
(一) 主要结论 ……………………………………………… (129)
    1. 营商环境 ……………………………………………… (129)
    2. 双边合作 ……………………………………………… (131)
    3. 动态趋势线分析 ……………………………………… (134)
(二) 进展路径及政策建议 ………………………………… (134)

附录 ……………………………………………………………… (137)
附录1 ………………………………………………………… (137)
附录2 ………………………………………………………… (139)
附录3 ………………………………………………………… (140)
附录4 ………………………………………………………… (142)
附录5 ………………………………………………………… (143)
附录6 ………………………………………………………… (172)

一 中国—中东欧经贸合作评价体系的构建

（一）评价体系的构建背景及意义

一般而言，衡量经贸合作进展离不开对合作对象营商环境的评估以及对双边合作水平的评价。本报告旨在通过中东欧营商环境指数和中国—中东欧双边合作指数两项研究成果，全面、客观、科学地衡量中东欧各国营商环境水平以及中国—中东欧各国双边合作水平。

评价体系的构建是一项系统性工程，需要按照评价目的科学制定评价指标。中国—中东欧合作评价体系的构建涵盖以下目标：

第一，评估中东欧国家营商环境。"16+1合作"是以经贸合作为基础开展的，而与一国开展经贸合作的背景则是国家的整体营商环境。基于对中东欧国家营商环境的评估，可以做到有针对性地开展经贸合作。因此评估中东欧16国各自的营商环境是本报告的目标之一。

第二，评估中国—中东欧双边合作水平。量化中国—中东欧双边合作水平，有助于科学衡量中国—中东欧双边合作程度，动态监测双边合作进展并结合评价结果有针对性地为"16+1合作"提供对策建议。

第三，评估营商环境与双边合作之间的动态关系。评价体系最终生成两个指数，即中东欧国家营商环境指数和中国—中东欧双边合作指数。两种指数基于共同标准进行量化表达，相互比较并共同监测中东欧国家自身营商环境的动态变化、双边合作的动态变化以及两者之间的动态关联，以达到根据中东欧国家营商环境提供优化双边合作对策建议的目的。

本报告基于中东欧各国行政环境、宏观经济、贸易、金融、投融资、基础设施、社会、创新能力等指标数据，并运用数理模型科学计算中东欧各国营商环境发展程度，为经贸先行背景下的"16+1合作"提供参考；基于中国—中东欧各国在政治、贸易、金融、投资、人文交流等方面合作的指标数据，量化中国—中东欧各国双边合作的水平与进展；在此基础上，对上述指标数据进行横向比较和纵向比较；最终形成中国—中东欧经贸合作坐标图，通过分析营商环境与双边合作之间的动态关系，可视化地反映中国—中东欧合作所取得的进展，为"16+1合作"提供科学的政策建议。

（二）中东欧国家营商环境评价体系

根据波特的钻石理论，本报告根据中东欧国家营商环境特点将评价体系分为八个二级模块，分别是行政环境模块、宏观经济模块、贸易环境模块、金融环境模块、投融资环境模块、基础设施模块、社会环境模块、创新能力模块。

1. 行政环境模块

在中东欧国家营商环境评价体系的行政环境模块中，选取世界经济自由度、廉洁指数、军费支出、执政周期、是否存在提前大选、开办企业流程的成本、法律权利力度等指标进行分析，指标基本涵盖一国行政领域，能够较为客观地反映一国行政环境整体水平。

其中，世界经济自由度指数是衡量一国市场经济开放度的指标，数据来源于佛雷泽研究所（Fraser Institute）；廉洁指数反映一国行政人员清廉水平，数据来源于透明国际（Transparency International）；军费支出衡量一国国防工程花费，直接影响到其用于推动经济建设的支出，数据来源于斯德哥尔摩国际和平研究所（SIPRI）；是否存在提前大选衡量一国政府更迭顺利性与其法规实行的连续性，根据经验统计所得；开办企业流程的成本直接衡量在一国营商过程中的行政手续复杂度，花费时间越少说明一国行政流程越高效，数据来源于世界银行数据库；法律权利力度反映一国法律执行情况，数据来源于世界银行数据库。

2. 宏观经济模块

在中东欧国家营商环境评价体系的宏观经济模块中，选取官方储备资产、贝塔斯曼转型指数、国内生产总值（GDP）、人均GDP、经济增长、通胀率、固定资本形成总额、工业增加值、服务等附加值、营商环境指数等指标进行分析，指标基本涵盖一国宏观经济领域，能够较为客观地反映一国宏观经济整体水平。

其中，官方储备资产反映一国官方资产储备情况，储备资产越高抗风险能力越强，数据来源于世界银行数据库；贝塔斯曼转型指数衡量一国经济转型程度，因为中东欧国家主要是转型经济体，其经济发展主要受经济转型程度限制，因此本报告将转型指标纳入宏观经济模块中，数据来源于贝塔斯曼基金会；国内生产总值（GDP）衡量一国经济规模，数据来源于世界银行数据库；人均GDP反映一国国民财富水平，数据来源于世界银行数据库；经济增长用GDP年均同比增长率表示，衡量一国经济增长速度；固定资本形成总额测算一国固定资产规模，数据来源于世界银行数据库；工业增加值反映一国工业规模，数据来源于世界银行数据库；服务等增加值反映一国服务业规模，数据来源于世界银行数据库；营商环境指数来源于世界银行，在世界银行发布的营商环境指数中，宏观经济相关指标被赋予了相当大的权重，能够反映各国家和地区宏观经济水平，因此，本报告将世界银行所公布的营商环境指数纳为宏观经济模块的指标之一。

3. 贸易环境模块

在中东欧国家营商环境评价体系的贸易环境模块中，选取出口总值、进口总值、贸易竞争优势指数、贸易世界占有率、海关关税税率、物流绩效指数等指标进行分析，指标基本涵盖一国贸易领域，能够较为客观地反映一国对外贸易整体水平。

其中，出口总值衡量一国出口整体水平，数据来源于联合国贸易数据库；进口总值衡量一国进口整体水平，数据来源于联合国贸易数据库；贸易竞争优势指数计算一国贸易顺差占其对外贸易总值的份额，反映一国出口商品的竞争力；贸易世界占有率计算一国外贸总值占世界贸易总值的比率，衡量一国在国际贸易中的权重地位；海关关税税率监测一国国际贸易税率，数据来源于世界银行数据库；物流绩效指数反映一国从事国际贸易物流水平，数据来源于世界银行数据库。

4. 金融环境模块

在中东欧国家营商环境评价体系的金融环境模块中，选取官方汇率、实际利率、银行不良贷款与贷款总额的比率等指标进行分析，指标基本涵盖一国金融领域，能够较为客观地反映一国金融环境整体水平。

其中，官方汇率反映一国货币的稳定程度，数据来源于世界银行数据库；实际利率反映一国货币政策，数据来源于世界银行数据库；银行不良贷款与贷款总额的比率反映一国银行运营情况以及国家整体信用风险，数据来源于世界银行数据库。

5. 投融资环境模块

在中东欧国家营商环境评价体系的投融资环境模块中，选取主权债券评级、银行部门提供的国内信贷、净国内信贷、投资率、中央政府债务率、储蓄率、利用外资存量、对外直接投资存量等指标进行分析，指标基本涵盖一国投融资领域，能够较为客观地反映一国投融资环境整体水平。

其中，主权债券评级反映对一国进行投融资活动时的信用风险，数据来源于标准普尔官方网站；银行部门提供的国内信贷反映一国银行提供信贷能力，数据来源于世界银行数据库；净国内信贷衡量银行净提供给国内信贷数量，反映国内对银行信贷的依赖程度或银行对国内信贷的支持程度，数据来源于世界银行数据库；投资率用固定资本形成总额与 GDP 的比值表示，衡量一国投资活跃程度，数据来源于世界银行数据库；中央政府债务率衡量一国债务风险，数据来源于欧盟委员会数据库；储蓄率衡量一国国民储蓄水平，是银行抗风险能力的体现之一，数据来源于世界银行数据库；利用外资存量反映一国吸收外国资金用于投资活动的累积情况，数据来源于联合国贸易和发展会议数据库；对外直接投资存量反映一国资本对国外进行直接投资的累积情况，数据来源于联合国贸易和发展会议数据库。

6. 基础设施模块

在中东欧国家营商环境评价体系的基础设施模块中，选取互联网普及率、铁路里程、铁路货运量、航空货运量、耗电量、公共医疗卫生支出、港口基础设施质量、货柜码头吞吐量等指标进行分析，指标基本涵盖一国基础设施领域，能够较为客观地反映一国基础设施整体水平。

其中，互联网普及率反映一国互联网设施使用情况，数据来源于世界银行数据库；铁路里程和铁路货运量反映一国铁路使用情况以及铁路载货能力，数据来源于世界银行数据库；航空货运量反映一国航空载货能力，数据来源于世界银行数据库；人均耗电量客观反映一国电力设施水平，数据来源于世界银行数据库；公共医疗卫生支出反映一国医疗卫生先进程度，数据来源于世界银行数据库；港口基础设施质量反映一国港口货运便利性和高效性，数据来源于世界经济论坛《全球竞争力报告》数据库；货柜码头吞吐量反映一国港口货物数量及规模，数据来源于世界银行数据库。

7. 社会环境模块

在中东欧国家营商环境评价体系的社会环境模块中，选取总人口数量、最低工资、人均医疗卫生支出、劳动人口比重、人口密度、人均居民最终消费支出等指标进行分析，指标基本涵盖一国社会环境领域，能够较为客观地反映一国社会环境整体水平。

其中，总人口数量反映一国市场规模，数据来源于世界银行数据库；最低工资反映一国国民收入最低水平，数据来源于世界银行数据库；人均医疗卫生支出衡量一国医疗卫生发达程度，数据来源于世界银行数据库；劳动人口比重体现一国劳动力规模及经济增长潜力，数据来源于世界银行数据库；人口密度体现一国生活水平及市场活跃性，数据来源于世界银行数据库；人均居民最终消费支出反映一国居民消费水平，同时体现该国居民生活水平，数据来源于世界银行数据库。

8. 创新能力模块

在中东欧国家营商环境评价体系的创新能力模块中，选取专利申请量、商标申请总数、研发支出等指标进行分析，指标基本涵盖一国创新领域，能够较为客观地反映一国创新能力的整体水平。

其中，专利申请量是一国研发成果数量的体现，数据来源于世界银行数据库；商标申请总数反映一国商业活动中对于产权的保护，数据来源于世界银行数据库；研发支出体现一国对于研发创新活动的重视程度，数据来源于世界银行数据库。

（三）中国—中东欧国家双边合作评价体系

根据波特的钻石理论，本报告根据中国—中东欧国家双边合作特点，将评价体系分为五个二级模块，分别是政治合作模块、贸易合作模块、金融合作模块、投资合作模块、人文交流模块。

1. 政治合作模块

在中国—中东欧国家双边合作评价体系的政治合作模块中，选取伙伴关系、高层关系、外交访问、是否签署"一带一路"谅解备忘录、联合声明等指标进行分析，指标基本涵盖双边政治合作领域，能够较为客观地反映双边政治合作的整体水平。

其中，伙伴关系指的是中国—中东欧国家政府之间所签署联合声明中所提出的伙伴关系级别，包括合作伙伴、全面合作伙伴、友好合作伙伴、全面友好合作伙伴、战略伙伴、全面战略伙伴等。但因伙伴关系名称众多，课题组难以对其包含的合作效应做出量化处理，因此采取哑音变量的方式进行处理，数据来源于经验统计；高层关系衡量中国—中东欧各国高层之间交往程度，以双边高层互访次数作为统计依据，数据来源于中国驻中东欧各国大使馆网站；外交访问的成果较为务实，为与高层访问相区别，本报告将其单独作为衡量双边政治合作的指标之一，数据来源于中国驻中东欧各国大使馆网站；"16+1合作"作为"一带一路"国家战略的样本，肩负着连接中国与欧洲互联互通的重大使命，因此，中国—中东欧各国是否签署"一带一路"谅解备忘录显得至关重要，数据来源于经验统计；联合声明统计中国—中东欧各国双边签署的联合声明数量，其中包括联合声明、联合公告等形式，数据来源于中国驻中东欧各国大使馆网站。

2. 贸易合作模块

在中国—中东欧国家双边合作评价体系贸易合作模块中，选取中国对该国出口总值、中国从该国进口总值、中国出口产品占该国进口产品市场份额、该国出口产品占中国进口产品市场份额等指标进行分析，指标基本涵盖双边贸易合作领域，能够较为客观地反映双边贸易合作的整体水平。

其中，中国对该国出口总值衡量中国产品出口中东欧各国的规模，客观反映该国对中国产品的市场需求，数据来源于联合国贸易数据库；中国从该国进口总值衡量中东欧各国产品出口中国的规模，客观反映中国对该国产品的市场需求；中国出口产品占该国进口产品市场份额指的是该国进口产品中中国出口产品的占比，数据来源于联合国贸易数据库；该国出口产品占中国进口产品市场份额指的是中国进口产品中该国出口产品的占比，数据来源于联合国贸易数据库。

3. 金融合作模块

在中国—中东欧国家双边合作评价体系金融合作模块中，选取货币与债券合作、开设银行、人民币离岸市场建设、汇率等指标进行分析，指标基本涵盖双边金融合作领域，能够较为客观地反映双边金融合作的整体水平。

其中，货币与债券合作指的是中国—中东欧国家签署开展双边本币互换协议、中东欧国家获准进入中国国债市场以及中东欧国家签署以人民币计价发行国家债券的协议，数据来源于经验统计；开设银行表示中国是否在中东欧国家开设银行分支机构；人民币离岸市场建设指标选取哑音变量；汇率反映中东欧国家货币与人民币之间汇率的波动情况，数据来源于世界银行数据库。

4. 投资合作模块

在中国—中东欧国家双边合作评价体系投资合作模块中，选取中国对该国对外直接投资流量、中国对该国对外直接投资存量等指标进行分析，指标基本涵盖双边投资合作领域，能够较为客观地反映双边投资合作的整体水平。

其中，中国对该国对外直接投资流量反映中国对中东欧各国年度OFDI（对外直接投资）规模，显示当年中国对中东欧地区投资整体水平，数据来源于联合国贸易和发展会议数据库；中国对该国对外直接投资存量反映截至该年中国对中东欧各国OFDI的累积量，数据同样来源于联合国贸易和发展会议数据库。

5. 人文交流模块

在中国—中东欧国家双边合作评价体系人文交流模块中，选取是否开设文化中心、孔子学院数量、参与"16＋1"智库网络智库数量等指标进行分析，指标基本涵盖双边人文交流领域，能够较为客观地反映双边人文交流的整体水平。

其中，是否开设文化中心显示中国—中东欧国家是否通过相互开设文化中心来展现本国人文风采，指标使用哑音变量表示，1＝"是"，0＝"否"，统计信息来自于各国驻华大使馆官网；孔子学院数量表示中国在中东欧各国开设孔子学院数量，数据来源于孔子学院（汉办）官方网站；参与"16＋1"智库网络智库数量表示中东欧各国参与"16＋1"智库网络的智库数量，数据来源于"16＋1"智库网络官方网站。

二 中国—中东欧合作评价体系指标的数据说明

（一）数据处理说明

由于相关数据的滞后性，本报告在数据的选取方面以采用最新更新数据为原则，最新数据作为当年指标参照数据进行计算。即本报告中2016年指数计算优先使用2016年指标数据，2015年次之，2014年随后。由于本报告采用2011年指数作为比较参照，因此2011年指数计算优先使用当年数据。2011年指数为过期指标，其中某些数据存在滞后性。

（二）中东欧国家营商环境评价体系

1. 行政环境模块

（1）世界经济自由度指数

世界经济自由度指数由佛雷泽研究所每年发布，但因发布相对滞后，最新更新数据为2014年。因此，本报告计算2016年中东欧国家营商环境指数时采用2014年世界经济自由度指数，以下指标数据处理方式相同。

表2—1　　　　　　　世界经济自由度指数统计

国别 \ 年份	2011年	2014年
阿尔巴尼亚	7.32	7.18
波黑	6.23	6.89
保加利亚	7.34	7.39
克罗地亚	6.46	7.04
捷克	7.13	7.38
爱沙尼亚	7.52	7.61
匈牙利	7.52	7.30

续表

年份 国别	2011年	2014年
拉脱维亚	6.92	7.36
立陶宛	7.40	7.56
马其顿	6.88	7.02
黑山	7.27	7.41
波兰	7.00	7.31
罗马尼亚	7.08	7.57
塞尔维亚	6.44	6.37
斯洛伐克	7.56	7.34
斯洛文尼亚	6.78	6.57

资料来源：佛雷泽研究所。

（2）廉洁指数

廉洁指数由透明国际每年发布，但因发布相对滞后，最新更新数据为2014年。

表2—2　　　　　　　　　廉洁指数统计

年份 国别	2011年	2014年
阿尔巴尼亚	3.1	3.3
波黑	3.2	3.9
保加利亚	3.3	4.3
克罗地亚	4.0	4.8
捷克	4.4	5.1
爱沙尼亚	6.4	6.9
匈牙利	4.6	5.4
拉脱维亚	4.2	5.5
立陶宛	4.8	5.8
马其顿	3.9	4.5
黑山	4.0	4.2
波兰	5.5	6.1

续表

年份 国别	2011 年	2014 年
罗马尼亚	3.6	4.3
塞尔维亚	3.3	4.1
斯洛伐克	4.0	5.0
斯洛文尼亚	5.9	5.8

资料来源：透明国际。

（3）军费支出

军费支出数据取自斯德哥尔摩国际和平研究所每年发布的《年鉴：军备、裁军和国际安全》中，但因发布相对滞后一年，最新更新数据为2015年。

表2—3　　　　　　　　军费支出统计　　　　　　　（单位:%）

年份 国别	2011 年	2015 年
阿尔巴尼亚	1.5	1.2
波黑	1.1	1.0
保加利亚	1.5	1.3
克罗地亚	1.8	1.5
捷克	1.1	1.0
爱沙尼亚	1.7	2.0
匈牙利	1.1	0.8
拉脱维亚	1.0	1.1
立陶宛	0.8	1.1
马其顿	1.3	1.1
黑山	1.7	1.6
波兰	1.8	2.2
罗马尼亚	1.3	1.4
塞尔维亚	2.1	2.0
斯洛伐克	1.1	1.1
斯洛文尼亚	1.3	1.0

资料来源：斯德哥尔摩国际和平研究所。

(4) 执政周期

中东欧各国法定执政周期基本固定，阿尔巴尼亚、保加利亚、克罗地亚、捷克、爱沙尼亚、匈牙利、立陶宛、马其顿、黑山、波兰、罗马尼亚、斯洛伐克、斯洛文尼亚执政周期均为 5 年，波黑、拉脱维亚、塞尔维亚执政周期为 4 年。

(5) 提前大选

截至 2011 年，先后有阿尔巴尼亚、保加利亚、拉脱维亚、波兰、罗马尼亚、塞尔维亚以及斯洛文尼亚出现提前大选情况。截至 2016 年，未出现除以上国家外的其他中东欧国家进行提前大选情况。

(6) 开办企业流程的成本

开办企业流程的成本数据来源于世界银行数据库，数据为开办企业流程的成本占国民收入的百分比，最新更新时间为 2015 年。

表 2—4　　　　　　开办企业流程统计　　　　　　（单位:%）

国别 \ 年份	2010 年	2015 年
阿尔巴尼亚	31.8	10.4
波黑	18.3	14.8
保加利亚	1.6	0.7
克罗地亚	8.4	3.3
捷克	9.3	6.7
爱沙尼亚	1.9	1.3
匈牙利	8.2	7.3
拉脱维亚	1.5	1.5
立陶宛	2.8	0.6
马其顿	2.5	0.1
黑山	1.9	1.4
波兰	16.3	12.2
罗马尼亚	2.6	2.0

续表

年份 国别	2010年	2015年
塞尔维亚	7.9	6.6
斯洛伐克	1.3	1.5
斯洛文尼亚	0	0

资料来源：世界银行数据库。

（7）法律权利力度

法律权利力度数据来源于世界银行数据库，按照"0 = 弱，12 = 强"的标准进行赋值，最新更新时间为2015年，2011年无统计数据。

表2—5　　　　　　　　法律权利力度统计

年份 国别	2011年	2015年
阿尔巴尼亚	—	7
波黑	—	7
保加利亚	—	9
克罗地亚	—	5
捷克	—	7
爱沙尼亚	—	7
匈牙利	—	10
拉脱维亚	—	9
立陶宛	—	6
马其顿	—	6
黑山	—	12
波兰	—	7
罗马尼亚	—	10
塞尔维亚	—	5
斯洛伐克	—	7
斯洛文尼亚	—	3

资料来源：世界银行数据库。

2. 宏观经济模块

(1) 官方储备资产

官方储备资产数据来源于世界银行数据库年度数据,采用现价美元为单位,最新更新时间为2015年。

表2—6　　　　　　　官方储备资产统计　　　　　（单位:百万美元)

国别＼年份	2010年	2015年
阿尔巴尼亚	2540.67	3138.52
波黑	4411.16	4790.98
保加利亚	17223.2	22153.05
克罗地亚	14132.5	14966.89
捷克	42482.66	64490.29
爱沙尼亚	2567.14	414.8
匈牙利	44988.18	33124.29
拉脱维亚	7605.71	3446
立陶宛	6598.35	1697.15
马其顿	2276.77	2470.7
黑山	556.16	733.51
波兰	93472.5	94902.63
罗马尼亚	48047.83	38700.98
塞尔维亚	13307.51	11344.95
斯洛伐克	2155.73	2892.03
斯洛文尼亚	1070.76	856.21

资料来源:世界银行数据库。

(2) 贝塔斯曼转型指数

贝塔斯曼转型指数数据来源于贝塔斯曼基金会,衡量一国宏观经济转型程度,数值越高反映转型程度越大,最新更新时间为2015年。

表2—7　　　　　　　　　贝塔斯曼转型指数统计

国别＼年份	2010年	2015年
阿尔巴尼亚	33	38
波黑	40	41
保加利亚	15	14
克罗地亚	14	13
捷克	1	2
爱沙尼亚	3	3
匈牙利	5	16
拉脱维亚	13	12
立陶宛	6	7
马其顿	22	27
黑山	30	22
波兰	11	5
罗马尼亚	17	19
塞尔维亚	31	20
斯洛伐克	7	9
斯洛文尼亚	2	6

资料来源：贝塔斯曼基金会。

(3) 国内生产总值（GDP）

国内生产总值（GDP）反映经济体体量，衡量一国宏观经济总体规模，最新更新时间为2015年。

表2—8　　　　　国内生产总值GDP统计　　　　（单位：百万美元）

国别＼年份	2010年	2015年
阿尔巴尼亚	11926.95	11455.6
波黑	17163.12	15995.39
保加利亚	49939.17	48952.96
克罗地亚	59680.62	48732

续表

年份 国别	2010年	2015年
捷克	207015.86	181811.03
爱沙尼亚	19494.66	22691.48
匈牙利	130093.75	120687.14
拉脱维亚	23743.31	27035.27
立陶宛	37132.56	41243.98
马其顿	9407.17	10086.02
黑山	4139.19	3992.64
波兰	479242.53	474783.39
罗马尼亚	167998.08	177954.49
塞尔维亚	39460.36	36513.03
斯洛伐克	89254.44	86581.79
斯洛文尼亚	48016.42	42746.98

资料来源：世界银行数据库。

(4) 人均GDP

人均GDP反映一国国民富裕程度，采用现价美元方式计价，最新更新时间为2015年。

表2—9　　　　　人均GDP统计　　　　（单位：美元）

年份 国别	2010年	2015年
阿尔巴尼亚	4094.4	3965
波黑	4475.1	4197.8
保加利亚	6752.6	6819.9
克罗地亚	13509.2	11535.8
捷克	19764	17231.3
爱沙尼亚	14641.4	17295.4
匈牙利	13009.3	12259.1
拉脱维亚	11319.5	13664.9

续表

年份 国别	2010 年	2015 年
立陶宛	11988.8	14172.2
马其顿	4561.2	4852.7
黑山	6682.3	6415
波兰	12597.5	12494.5
罗马尼亚	8297.5	8972.9
塞尔维亚	5411.9	5143.9
斯洛伐克	16554.9	15962.6
斯洛文尼亚	23438.8	20713.1

资料来源：世界银行数据库。

(5) 经济增长

经济增长衡量一国经济增速水平，更体现一国经济规模增长潜力，采用对应上年的同比增长率表示，最新更新时间为2015年。

表2—10　　　　　　　　经济增长统计　　　　　　　（单位:%）

年份 国别	2010 年	2015 年
阿尔巴尼亚	3.7	2.6
波黑	0.8	3.2
保加利亚	0.1	3.0
克罗地亚	-1.7	1.6
捷克	2.3	4.2
爱沙尼亚	2.5	1.1
匈牙利	0.7	2.9
拉脱维亚	-3.8	1.9
立陶宛	1.6	1.6
马其顿	3.4	3.7
黑山	2.5	3.4
波兰	3.7	3.6

续表

年份 国别	2010年	2015年
罗马尼亚	-0.8	3.7
塞尔维亚	0.6	0.7
斯洛伐克	5.1	3.6
斯洛文尼亚	1.2	2.9

资料来源：世界银行数据库。

(6) 通胀率

通胀率是按消费者价格指数衡量的通货膨胀水平，通过年度通胀率进行体现，最新更新时间为2015年。

表2—11　　　　　　　　通胀率统计　　　　　　　（单位：%）

年份 国别	2010年	2015年
阿尔巴尼亚	3.6	1.9
波黑	2.2	0.1
保加利亚	2.4	-0.1
克罗地亚	1.0	-0.5
捷克	1.4	0.3
爱沙尼亚	3.0	-0.5
匈牙利	4.9	-0.1
拉脱维亚	-1.1	0.2
立陶宛	1.3	-0.9
马其顿	1.5	-0.3
黑山	0.7	1.5
波兰	2.7	-1.0
罗马尼亚	6.1	-0.6
塞尔维亚	6.1	1.4
斯洛伐克	1.0	-0.3
斯洛文尼亚	1.8	-0.5

资料来源：世界银行数据库。

(7) 固定资本形成总额

固定资本形成总额衡量一国年度固定资本形成规模,以百万美元为单位进行统计,最新更新时间为2015年。

表2—12　　　　　　　　固定资本形成总额统计　　　　　（单位:百万美元）

国别 \ 年份	2010年	2015年
阿尔巴尼亚	3390.65	3125.46
波黑	2911.23	3499.47
保加利亚	11240.23	10369.69
克罗地亚	12695.83	9315.37
捷克	55816.75	46879.66
爱沙尼亚	4138.68	5497.27
匈牙利	26503.65	29970.81
拉脱维亚	4603.26	7156.21
立陶宛	6261.66	9146.35
马其顿	2169.52	2522.92
黑山	895.82	912.46
波兰	97226.78	95607.37
罗马尼亚	43592.47	43981.7
塞尔维亚	7333.88	6626.35
斯洛伐克	19748.21	19927.47
斯洛文尼亚	10233.91	8283.73

资料来源:世界银行数据库。

(8) 工业附加值

工业附加值以百万美元为单位进行统计,衡量一国工业生产规模,最新更新时间为2015年。

表 2—13　　　　　　　　工业附加值统计　　　　　　（单位：百万美元）

国别＼年份	2010 年	2015 年
阿尔巴尼亚	2974.28	2909.32
波黑	3842.36	4090.75
保加利亚	11910.71	13380.89
克罗地亚	13808.12	12645
捷克	69004.1	70505.12
爱沙尼亚	4769.74	6488.62
匈牙利	33196.22	36292.87
拉脱维亚	5063.51	6475.18
立陶宛	9707.76	13337.19
马其顿	1979.52	2488.64
黑山	709.81	656.21
波兰	140626.8	156923.13
罗马尼亚	46967.46	49576.11
塞尔维亚	9343.87	11135.79
斯洛伐克	28632.45	30591.22
斯洛文尼亚	12802.65	14151.34

资料来源：世界银行数据库。

（9）服务等附加值

服务等附加值以百万美元为单位进行统计，衡量一国服务业生产规模，最新更新时间为 2015 年。

表 2—14　　　　　　　　服务等附加值统计　　　　　　（单位：百万美元）

国别＼年份	2010 年	2015 年
阿尔巴尼亚	5250.9	6031.08
波黑	9080.37	10046.04
保加利亚	29255.71	33278.48
克罗地亚	34732.5	33420.39

续表

年份 国别	2010 年	2015 年
捷克	115444.36	110205.42
爱沙尼亚	11740.49	15799.74
匈牙利	72926.27	74939.84
拉脱维亚	15236.58	20339.25
立陶宛	22580.95	28826.84
马其顿	5182.77	6225.52
黑山	2427.31	2686.32
波兰	269463.07	312388.97
罗马尼亚	93726.96	117156.54
塞尔维亚	20192.81	22289.25
斯洛伐克	50413.51	56395.12
斯洛文尼亚	28199.6	27632.67

资料来源：世界银行数据库。

（10）营商环境指数

本报告采用世界银行发布的营商环境指数作为中东欧国家宏观经济环境的参照指标，按照"0＝最差，100＝最好"的标准进行统计。

表2—15　　　　　　　世界银行营商环境统计

年份 国别	2010 年	2015 年
阿尔巴尼亚	62.17	66.77
波黑	52.04	63.36
保加利亚	68.41	73.62
克罗地亚	61.32	72.50
捷克	62.18	73.86
爱沙尼亚	75.97	79.27
匈牙利	64.48	72.45

续表

国别＼年份	2010 年	2015 年
拉脱维亚	73.19	77.51
立陶宛	73.44	78.19
马其顿	63.30	79.69
黑山	60.69	71.05
波兰	63.14	75.38
罗马尼亚	63.04	73.59
塞尔维亚	58.33	65.25
斯洛伐克	68.73	74.74
斯洛文尼亚	63.10	73.69

资料来源：世界银行营商环境报告数据库（Doing Business Database）。

3. 贸易环境模块

（1）出口总值

出口总值采用现价美元进行统计，数据来源于联合国贸易数据库，最新更新时间为 2015 年。

表 2—16　　　　　　　出口总值统计　　　　　（单位：美元）

国别＼年份	2010 年	2015 年
阿尔巴尼亚	1549955724	1929657032
波黑	4803107191	5099117646
保加利亚	20608005156	25778745945
克罗地亚	11810676241	12846849603
捷克	1.32141E+11	1.55678E+11
爱沙尼亚	12811364478	13964788167
匈牙利	94748737000	1.00167E+11
拉脱维亚	8850801231	11496085442
立陶宛	20813922632	25499024172
马其顿	3351429481	4489933735
黑山	436575412	353079512

续表

年份 国别	2010 年	2015 年
波兰	1.57065E+11	1.94461E+11
罗马尼亚	49413386103	60605047667
塞尔维亚	9794515799	13365205345
斯洛伐克	63998612526	75256855326
斯洛文尼亚	24434752222	26615994402

资料来源：联合国贸易数据库。

（2）进口总值

进口总值采用现价美元进行统计，数据来源于联合国贸易数据库，最新更新时间为 2015 年。

表 2—17　　　　　　　　进口总值统计　　　　　　（单位：美元）

年份 国别	2010 年	2015 年
阿尔巴尼亚	4602774967	4320219367
波黑	9222997633	8993868781
保加利亚	25359886220	29265116176
克罗地亚	20067004556	20579806519
捷克	1.25691E+11	1.37486E+11
爱沙尼亚	13196568155	15717601513
匈牙利	87432095000	90374308880
拉脱维亚	11143287701	13884028680
立陶宛	23378047393	28172777429
马其顿	5474484811	6399822864
黑山	2181940294	2050169682
波兰	1.74128E+11	1.89696E+11
罗马尼亚	62006624402	69857682405
塞尔维亚	16734509022	18215949833
斯洛伐克	64381971194	73146973761
斯洛文尼亚	26591707913	25763915378

资料来源：联合国贸易数据库。

(3) 贸易竞争优势指数

贸易竞争优势指数衡量中东欧国家贸易顺差与贸易总量的比率，衡量其贸易竞争力，根据联合国贸易数据库相关进出口总值计算所得。

表2—18　　　　　　　贸易竞争优势指数统计

国别＼年份	2010年	2015年
阿尔巴尼亚	−0.496173065	−0.382497538
波黑	−0.31511888	−0.276360951
保加利亚	−0.103373919	−0.063338038
克罗地亚	−0.259000282	−0.231341026
捷克	0.025017324	0.062054197
爱沙尼亚	−0.014811007	−0.059052299
匈牙利	0.040161426	0.051391581
拉脱维亚	−0.114658211	−0.094087175
立陶宛	−0.058022414	−0.049816723
马其顿	−0.240547921	−0.175384005
黑山	−0.666547418	−0.706164876
波兰	−0.051518799	0.012402939
罗马尼亚	−0.113024925	−0.07092167
塞尔维亚	−0.261600012	−0.15359617
斯洛伐克	−0.002986111	0.014217164
斯洛文尼亚	−0.042271317	0.016267287

资料来源：联合国贸易数据库。

(4) 贸易世界占有率

贸易世界占有率衡量中东欧国家在全球贸易中的地位，根据联合国贸易数据库相关进出口总值计算所得。

表 2—19　　　　　　　　　贸易世界占有率统计

国别＼年份	2010 年	2015 年
阿尔巴尼亚	0.000205046	0.00021408
波黑	0.000467435	0.000482735
保加利亚	0.001531928	0.001885448
克罗地亚	0.001062357	0.001144982
捷克	0.008592505	0.010041885
爱沙尼亚	0.000866741	0.001016727
匈牙利	0.006071366	0.006526699
拉脱维亚	0.000666324	0.000869359
立陶宛	0.001472743	0.00183845
马其顿	0.000294133	0.000373013
黑山	8.72648E−05	8.23198E−05
波兰	0.011037336	0.013158762
罗马尼亚	0.003713188	0.004468812
塞尔维亚	0.000884107	0.001081767
斯洛伐克	0.004278416	0.005083358
斯洛文尼亚	0.00170051	0.001794198

资料来源：联合国贸易数据库。

（5）海关关税税率

海关关税税率采用世界银行数据库中工业产品简单平均适用税率表示。

表 2—20　　　　　　　海关关税税率统计　　　　　　　（单位:%）

国别＼年份	2010 年	2015 年
阿尔巴尼亚	2.3	1.4
波黑	2.3	3.1
保加利亚	2.3	1.4
克罗地亚	0.9	2.1

续表

国别＼年份	2010年	2015年
捷克	2.3	1.4
爱沙尼亚	2.3	1.4
匈牙利	2.3	1.4
拉脱维亚	2.3	1.4
立陶宛	2.3	1.4
马其顿	1.8	2.8
黑山	2.8	2.2
波兰	2.3	1.4
罗马尼亚	2.3	1.4
塞尔维亚	2.3	1.4
斯洛伐克	2.3	1.4
斯洛文尼亚	2.3	1.4

资料来源：世界银行数据库。

（6）物流绩效指数

物流绩效指数采用世界银行以及图尔库经济与工商管理学院物流绩效指数调查数据，按"1＝很低，5＝很高"标准统计。

表2—21　　　　　　　物流绩效指数统计

国别＼年份	2010年	2015年
阿尔巴尼亚	2.46	2.08
波黑	2.66	2.75
保加利亚	2.83	3.16
克罗地亚	2.77	3.05
捷克	3.51	3.49
爱沙尼亚	3.16	3.35
匈牙利	2.99	3.46
拉脱维亚	3.25	3.40

续表

年份 国别	2010 年	2015 年
立陶宛	3.13	3.18
马其顿	2.77	2.5
黑山	2.43	2.88
波兰	3.44	3.49
罗马尼亚	2.84	3.26
塞尔维亚	2.69	2.96
斯洛伐克	3.24	3.25
斯洛文尼亚	2.87	3.38

资料来源：世界银行数据库。

4. 金融环境模块

（1）官方汇率

官方汇率衡量中东欧各国货币兑一单位美元数量，采用年度平均值方式统计，指标数据来源于国际货币基金组织出版刊物《国际金融统计》。爱沙尼亚、拉脱维亚、立陶宛、斯洛伐克、斯洛文尼亚因加入欧元区，实际汇率已无法反映金融环境基本面，其官方汇率与欧元波动一致。

表 2—22　　　　　　　　官方汇率统计

年份 国别	2010 年	2015 年
阿尔巴尼亚	103.94	125.96
波黑	1.48	1.76
保加利亚	1.48	1.76
克罗地亚	5.5	6.86
捷克	19.1	24.6
爱沙尼亚	11.81	11.81
匈牙利	207.94	279.33
拉脱维亚	0.53	0.53

续表

年份 国别	2010年	2015年
立陶宛	2.61	2.61
马其顿	46.49	55.54
黑山	0.76	0.9
波兰	3.02	3.77
罗马尼亚	3.18	4.01
塞尔维亚	77.73	108.81
斯洛伐克	31.02	31.02
斯洛文尼亚	192.71	192.71

资料来源：国际货币基金组织，《国际金融统计》。

(2) 实际利率

实际利率基于世界银行的GDP平减指数计算，指标数据来源于国际货币基金组织出版刊物《国际金融统计》。

表2—23　　　　　　实际利率统计　　　　　（单位：%）

年份 国别	2010年	2015年
阿尔巴尼亚	8.0	8.2
波黑	6.3	5.6
保加利亚	9.8	7.1
克罗地亚	9.5	9.5
捷克	7.4	3.5
爱沙尼亚	6.1	3.0
匈牙利	5.2	1.1
拉脱维亚	10.6	10.6
立陶宛	3.5	3.5
马其顿	7.3	4.2
黑山	7.1	8.2
波兰	3.6	3.6

续表

年份 国别	2010年	2015年
罗马尼亚	8.2	3.7
塞尔维亚	10.8	11.8
斯洛伐克	4.6	4.6
斯洛文尼亚	5.1	5.1

资料来源：国际货币基金组织，《国际金融统计》。

(3) 银行不良贷款与贷款总额的比率

银行不良贷款与贷款总额的比率衡量中东欧各国坏账比率以及信用风险。

表2—24　　银行不良贷款与贷款总额的比率统计　　（单位:%）

年份 国别	2010年	2015年
阿尔巴尼亚	14.0	18.2
波黑	11.4	13.7
保加利亚	11.9	16.7
克罗地亚	11.1	16.3
捷克	5.4	5.6
爱沙尼亚	5.4	1.0
匈牙利	10.0	11.7
拉脱维亚	15.9	4.6
立陶宛	23.3	5.7
马其顿	9.0	10.3
黑山	21.0	13.4
波兰	4.9	4.3
罗马尼亚	11.9	12.3
塞尔维亚	16.9	22.3
斯洛伐克	5.8	4.9
斯洛文尼亚	8.2	10.0

资料来源：世界银行数据库。

5. 投融资环境模块

(1) 主权债券评级

主权债券评级标准众多，本报告选取标准普尔评级，对评级结果进行赋值并加权加总进行定量表达（BBB 以下为垃圾债券，记为 0，由 BBB 级起每上升一级加 10 分）。

表 2—25　　主权债券评级统计

年份 国别	2010 年	2015 年
阿尔巴尼亚	0	0
波黑	0	0
保加利亚	0	0
克罗地亚	0	0
捷克	90	90
爱沙尼亚	90	90
匈牙利	0	10
拉脱维亚	70	70
立陶宛	70	70
马其顿	0	0
黑山	0	0
波兰	80	80
罗马尼亚	60	60
塞尔维亚	0	0
斯洛伐克	80	80
斯洛文尼亚	70	70

资料来源：世界银行数据库。

(2) 银行部门提供的国内信贷

银行部门提供的国内信贷反映中东欧各国国内银行的融资能力，通过其占国内生产总值的百分比进行表达。

表 2—26　　　　　　　　银行部门提供的国内信贷统计　　　　　　（单位:%）

国别＼年份	2010 年	2015 年
阿尔巴尼亚	66.7	62.6
波黑	51.7	58.5
保加利亚	67.9	61.8
克罗地亚	90.7	88.7
捷克	62.9	70.8
爱沙尼亚	96.5	76.5
匈牙利	80.8	59.4
拉脱维亚	91.1	58.0
立陶宛	63.8	47.5
马其顿	47.1	59.6
黑山	67.4	59.9
波兰	63.2	73.6
罗马尼亚	47.6	37.5
塞尔维亚	56.2	55.5
斯洛伐克	64.8	74.4
斯洛文尼亚	96.0	71.4

资料来源：世界银行数据库。

(3) 净国内信贷

净国内信贷按照上节银行部门提供的国内信贷百分比乘以当年国内生产总值计算，衡量当年国内信贷规模。

表 2—27　　　　　　　　净国内信贷统计　　　　　　（单位：百万美元）

国别＼年份	2010 年	2015 年
阿尔巴尼亚	7955.27565	7171.2056
波黑	8873.33304	9357.30315
保加利亚	33908.69643	30252.92928
克罗地亚	54130.32234	43225.284

续表

年份 国别	2010年	2015年
捷克	130212.9759	128722.2092
爱沙尼亚	18812.3469	17358.9822
匈牙利	105115.75	71688.16116
拉脱维亚	21630.15541	15680.4566
立陶宛	23690.57328	19590.8905
马其顿	4430.77707	6011.26792
黑山	2789.81406	2391.59136
波兰	302881.279	349440.575
罗马尼亚	79967.08608	66732.93375
塞尔维亚	22176.72232	20264.73165
斯洛伐克	57836.87712	64416.85176
斯洛文尼亚	46095.7632	30521.34372

资料来源：世界银行数据库。

（4）投资率

投资率通过固定资本形成总额与国内生产总值的比率表示，反映该年度一国投资比例。

表2—28　　　　　投资率统计　　　　　（单位：%）

年份 国别	2010年	2015年
阿尔巴尼亚	28.428475	27.2832501
波黑	16.9621258	21.8779911
保加利亚	22.507843	21.1829683
克罗地亚	21.2729526	19.1155093
捷克	26.9625477	25.7848272
爱沙尼亚	21.2298137	24.2261413
匈牙利	20.3727312	24.8334744
拉脱维亚	19.3876086	26.4699039

续表

年份 国别	2010 年	2015 年
立陶宛	16.8629903	22.1762061
马其顿	23.0624088	25.0140293
黑山	21.6423986	22.8535505
波兰	20.2875943	20.1370503
罗马尼亚	25.9481954	24.7151392
塞尔维亚	18.5854361	18.147905
斯洛伐克	22.1257452	23.015775
斯洛文尼亚	21.3133549	19.3785152

资料来源：世界银行数据库。

（5）中央政府债务率

中东欧国家中央政府债务率统计中，由于阿尔巴尼亚、波黑、马其顿、黑山以及塞尔维亚不是欧盟成员国，其中央政府债务率数据未被统计。

表2—29　　　　　　　中央政府债务率统计　　　　　（单位:%）

年份 国别	2010 年	2015 年
阿尔巴尼亚	57.7	71.8
波黑	—	—
保加利亚	15.5	26.7
克罗地亚	58.3	86.7
捷克	38.2	41.1
爱沙尼亚	6.6	9.7
匈牙利	80.6	75.3
拉脱维亚	47.5	36.4
立陶宛	36.2	42.7
马其顿	24.1	38.2
黑山	40.9	56.7
波兰	53.3	51.3

续表

年份 国别	2010 年	2015 年
罗马尼亚	29.9	38.4
塞尔维亚	40.8	68.9
斯洛伐克	40.8	52.9
斯洛文尼亚	38.4	83.2

资料来源：欧洲统计局（EUROSTAT）数据。

注：阿尔巴尼亚、马其顿、黑山和塞尔维亚2015年栏目中为2014年数据。数据来自欧盟委员会对这些国家的2015年入盟进展评估报告。

（6）储蓄率

储蓄率反映中东欧各国国民储蓄规模，相对滞后两期。

表2—30　　　　　　　　储蓄率统计　　　　　　　（单位:%）

年份 国别	2010 年	2014 年
阿尔巴尼亚	9.7	12
波黑	-5.7	11
保加利亚	20.1	22
克罗地亚	20.9	19
捷克	30.3	26
爱沙尼亚	27.6	29
匈牙利	26.1	24
拉脱维亚	17.9	21
立陶宛	16.3	22
马其顿	6.2	30
黑山	-3.9	5
波兰	19.3	18
罗马尼亚	20.7	25
塞尔维亚	3.5	12
斯洛伐克	22.6	21
斯洛文尼亚	23.7	27

资料来源：世界银行数据库。

(7) 利用外资存量

利用外资存量衡量国外资产在中东欧各国投资的累积规模，相对滞后两期。

表2—31　　　　　利用外资存量统计　　　　（单位：百万美元）

国别 \ 年份	2010年	2014年
阿尔巴尼亚	3255	4466
波黑	6709	7383
保加利亚	47231	46539
克罗地亚	32273	29761
捷克	128504	121530
爱沙尼亚	15261	19298
匈牙利	90845	98360
拉脱维亚	10935	14567
立陶宛	13271	14691
马其顿	4351	5140
黑山	4231	4983
波兰	195409	245161
罗马尼亚	68093	74732
塞尔维亚	24919	33142
斯洛伐克	50328	53216
斯洛文尼亚	10667	12743

资料来源：联合国贸易和发展会议数据库。

(8) 对外直接投资存量

对外直接投资存量衡量国内资产在国外投资的累积规模，相对滞后两期。

36 国家智库报告

表 2—32　　　　　对外直接投资存量统计　　　（单位：百万美元）

国别＼年份	2010 年	2014 年
阿尔巴尼亚	154	239
波黑	195	208
保加利亚	1565	2195
克罗地亚	4314	5444
捷克	14923	19041
爱沙尼亚	4851	6319
匈牙利	22314	39641
拉脱维亚	895	1170
立陶宛	2086	2683
马其顿	100	112
黑山	375	422
波兰	24214	65217
罗马尼亚	1511	696
塞尔维亚	2075	3015
斯洛伐克	3457	2975
斯洛文尼亚	8147	6193

资料来源：联合国贸易和发展会议数据库。

6. 基础设施模块

（1）互联网普及率

互联网普及率是体现一国基础设施水平的指标之一，采用世界银行数据库中各国每百人中互联网使用人数作为参照。

表 2—33　　　　　　互联网普及率统计　　　　　（单位:%）

国别＼年份	2010 年	2015 年
阿尔巴尼亚	45.0	60.1
波黑	42.8	60.8
保加利亚	46.2	55.5

续表

年份 国别	2010年	2015年
克罗地亚	56.5	68.6
捷克	68.8	79.7
爱沙尼亚	74.1	84.2
匈牙利	65.0	76.1
拉脱维亚	68.4	75.8
立陶宛	62.1	72.1
马其顿	51.9	68.1
黑山	37.5	61.0
波兰	62.3	66.6
罗马尼亚	39.9	54.1
塞尔维亚	40.9	53.5
斯洛伐克	75.7	80.0
斯洛文尼亚	70.0	71.6

资料来源：世界银行数据库。

（2）铁路里程

铁路里程是体现一国基础设施水平的指标之一，采用世界银行数据库中各国铁路里程作为参照。

表2—34　　　　　　　铁路里程统计　　　　　（单位：千米）

年份 国别	2010年	2015年
阿尔巴尼亚	423	423
波黑	1026	1026
保加利亚	4098	4023
克罗地亚	2722	2604
捷克	9569	9456
爱沙尼亚	787	792
匈牙利	7893	7892

续表

国别＼年份	2010 年	2015 年
拉脱维亚	1897	1853
立陶宛	1767	1767
马其顿	699	699
黑山	699	699
波兰	19702	18942
罗马尼亚	11110	10770
塞尔维亚	4058	3809
斯洛伐克	3587	3630
斯洛文尼亚	1228	1208

资料来源：世界银行数据库。

（3）铁路货运量

铁路货运量是体现一国基础设施水平的指标之一，采用世界银行数据库中各国铁路货运量作为参照。

表2—35　　　　铁路货运量统计　　　（单位：百万吨·千米）

国别＼年份	2010 年	2015 年
阿尔巴尼亚	46	46
波黑	1227	1239
保加利亚	3061	2714
克罗地亚	2618	2086
捷克	13592	10587
爱沙尼亚	6261	4807
匈牙利	1000	1343
拉脱维亚	17164	14991
立陶宛	13431	13344
马其顿	497	423
黑山	497	423

续表

年份 国别	2010 年	2015 年
波兰	34266	33256
罗马尼亚	9134	10387
塞尔维亚	3868	2646
斯洛伐克	7669	6810
斯洛文尼亚	3283	3534

资料来源：世界银行数据库。

(4) 航空货运量

航空货运量是体现一国基础设施水平的指标之一，采用世界银行数据库中各国航空货运量作为参照。

表2—36　　　　航空货运量统计　　　　（单位：百万吨·千米）

年份 国别	2010 年	2015 年
阿尔巴尼亚	0	0
波黑	0	0
保加利亚	2	2
克罗地亚	2	1
捷克	18	27
爱沙尼亚	4	1
匈牙利	6	0
拉脱维亚	5	2
立陶宛	3	1
马其顿	0	0
黑山	0	0
波兰	77	120
罗马尼亚	5	5
塞尔维亚	2	3
斯洛伐克	0	0
斯洛文尼亚	2	1

资料来源：世界银行数据库。

(5) 耗电量

耗电量是体现一国基础设施水平的指标之一，采用世界银行数据库中各国人均耗电量作为参考指标。

表2—37　　耗电量统计　　（单位：千瓦时/人）

国别\年份	2010年	2015年
阿尔巴尼亚	1947	2532
波黑	3049	3219
保加利亚	4560	4640
克罗地亚	3814	3754
捷克	6348	6285
爱沙尼亚	6506	6665
匈牙利	3876	3890
拉脱维亚	3230	3473
立陶宛	3471	3664
马其顿	3588	3557
黑山	5420	5618
波兰	3797	3938
罗马尼亚	2551	2495
塞尔维亚	4359	4444
斯洛伐克	5201	5202
斯洛文尼亚	6521	6833

资料来源：世界银行数据库。

(6) 公共医疗卫生支出

公共医疗卫生支出是体现一国基础设施水平的指标之一，采用世界银行数据库中社会公共医疗卫生支出占政府支出的百分比作为参考指标。

表2—38　　　　　　　公共医疗卫生支出统计　　　　　　（单位:%）

国别\年份	2010年	2015年
阿尔巴尼亚	9.4	9.9
波黑	14.1	14.4
保加利亚	11.0	11.0
克罗地亚	14.0	13.2
捷克	14.9	14.6
爱沙尼亚	13.5	12.3
匈牙利	10.1	10.2
拉脱维亚	9.8	10.1
立陶宛	13.4	12.3
马其顿	12.9	13.4
黑山	9.8	9.1
波兰	10.7	10.8
罗马尼亚	12.8	11.2
塞尔维亚	13.9	14.3
斯洛伐克	15.0	14.5
斯洛文尼亚	12.8	13.4

资料来源:世界银行数据库。

(7) 港口基础设施质量

港口基础设施质量是体现一国基础设施水平的指标之一,采用世界经济论坛发布的《全球竞争力报告》中港口质量指数作为参考指标,按照"1=十分欠发达,7=十分发达高效"进行统计。

表2—39　　　　　　港口基础设施质量统计

国别\年份	2010年	2015年
阿尔巴尼亚	3.5	4.2
波黑	1.6	2.0

续表

年份 国别	2010年	2015年
保加利亚	3.8	3.9
克罗地亚	4.0	4.5
捷克	4.6	3.6
爱沙尼亚	5.6	5.5
匈牙利	4.0	3.4
拉脱维亚	4.7	5.2
立陶宛	4.7	4.9
马其顿	3.7	3.6
黑山	3.4	4.2
波兰	3.3	4.0
罗马尼亚	3.0	3.4
塞尔维亚	2.8	2.7
斯洛伐克	4.0	3.2
斯洛文尼亚	5.3	5.0

资料来源：世界经济论坛，《全球竞争力报告》。

（8）货柜码头吞吐量

由于中东欧国家货柜码头吞吐量在2011年尚未开始统计，2015年数据中波黑、捷克、匈牙利、马其顿、黑山、塞尔维亚、斯洛伐克未被统计，为避免数据空缺导致结果偏失，因此在指标体系中将货柜码头吞吐量剔除。

7. 社会环境模块

（1）人口

人口数量是反映中东欧各国社会环境的重要指标，数据来源于世界银行数据库。

表 2—40　　　　　　　　人口数量统计　　　　　　　（单位：千人）

年份 国别	2010 年	2015 年
阿尔巴尼亚	2913.02	2889.17
波黑	3835.26	3810.42
保加利亚	7395.6	7177.99
克罗地亚	4417.78	4224.4
捷克	10474.41	10551.22
爱沙尼亚	1331.47	1312
匈牙利	10000.02	9844.69
拉脱维亚	2097.55	1978.44
立陶宛	3097.28	2910.2
马其顿	2062.44	2078.45
黑山	619.43	622.39
波兰	38042.79	37999.49
罗马尼亚	20246.87	19832.39
塞尔维亚	7291.44	7098.25
斯洛伐克	5391.43	5424.05
斯洛文尼亚	2048.58	2063.77

资料来源：世界银行数据库。

（2）最低工资

最低工资是反映中东欧各国社会保障力度的重要指标，数据来源于世界银行数据库。

表 2—41　　　　　　　　最低工资统计　　　　　　　（单位：美元）

年份 国别	2010 年	2015 年
阿尔巴尼亚	138.859	198.37
波黑	364.049	520.07
保加利亚	117.005	167.15
克罗地亚	373.919	534.17

续表

国别＼年份	2010年	2015年
捷克	307.965	439.95
爱沙尼亚	272.916	389.88
匈牙利	275.765	393.95
拉脱维亚	285.733	408.19
立陶宛	227.801	325.43
马其顿	117.243	167.49
黑山	212.716	303.88
波兰	270.354	386.22
罗马尼亚	156.058	222.94
塞尔维亚	131.628	188.04
斯洛伐克	300.454	429.22
斯洛文尼亚	702.100	1003.00

资料来源：世界银行数据库。

（3）人均医疗卫生支出

人均医疗卫生支出是反映中东欧各国社会公共卫生保障力度的重要指标，数据来源于世界银行数据库。

表2—42　　　　人均医疗卫生支出统计　　　　（单位：美元）

国别＼年份	2010年	2015年
阿尔巴尼亚	498	272
波黑	856	464
保加利亚	1088	662
克罗地亚	1607	1050
捷克	1930	1379
爱沙尼亚	1300	1248
匈牙利	1690	1037
拉脱维亚	805	921

续表

年份 国别	2010年	2015年
立陶宛	1388	1063
马其顿	797	354
黑山	917	458
波兰	1437	910
罗马尼亚	964	557
塞尔维亚	1193	633
斯洛伐克	2039	1455
斯洛文尼亚	2452	2161

资料来源：世界银行数据库。

(4) 劳动人口比重

劳动人口比重是反映中东欧各国社会发展潜力的重要指标，数据来源于世界银行数据库。

表2—43　　　　　劳动人口比重统计　　　　（单位:%）

年份 国别	2010年	2015年
阿尔巴尼亚	68	69
波黑	72	71
保加利亚	68	66
克罗地亚	67	66
捷克	70	67
爱沙尼亚	67	65
匈牙利	69	68
拉脱维亚	67	66
立陶宛	68	67
马其顿	71	71
黑山	67	68
波兰	72	70

续表

国别＼年份	2010年	2015年
罗马尼亚	68	67
塞尔维亚	68	67
斯洛伐克	72	71
斯洛文尼亚	69	67

资料来源：世界银行数据库。

（5）人口密度

人口密度是衡量中东欧各国社会均衡发展的重要指标，数据来源于世界银行数据库。

表2—44　　　　人口密度统计　　　　（单位：人/平方公里）

国别＼年份	2010年	2015年
阿尔巴尼亚	106	105
波黑	75	74
保加利亚	68	66
克罗地亚	79	75
捷克	136	137
爱沙尼亚	31	31
匈牙利	110	109
拉脱维亚	34	32
立陶宛	49	46
马其顿	82	82
黑山	46	46
波兰	124	124
罗马尼亚	88	86
塞尔维亚	83	81
斯洛伐克	112	113
斯洛文尼亚	102	102

资料来源：世界银行数据库。

(6) 人均居民最终消费支出

人均居民最终消费支出是反映中东欧各国消费潜力的重要指标，数据来源于世界银行数据库。

表2—45　　　　　人均居民最终消费支出统计　　　　（单位：美元）

年份 国别	2010年	2015年
阿尔巴尼亚	3184	3417
波黑	3760	3828
保加利亚	4321	4742
克罗地亚	7963	8001
捷克	9733	10029
爱沙尼亚	7649	9455
匈牙利	6801	6939
拉脱维亚	7209	8656
立陶宛	7676	9535
马其顿	3446	3515
黑山	5468	5554
波兰	7760	8541
罗马尼亚	5263	6083
塞尔维亚	4223	4186
斯洛伐克	9605	9822
斯洛文尼亚	13136	12483

资料来源：世界银行数据库。

8. 创新能力模块

(1) 专利申请量

专利申请量是反映中东欧各国研发成果的重要指标，数据来源于世界银行数据库。

表2—46　　　　　　　　　专利申请量统计　　　　　　（单位：个）

国别＼年份	2010年	2015年
阿尔巴尼亚	10	10
波黑	56	41
保加利亚	243	218
克罗地亚	257	170
捷克	868	910
爱沙尼亚	84	44
匈牙利	649	546
拉脱维亚	178	103
立陶宛	108	123
马其顿	27	50
黑山	23	13
波兰	3203	3941
罗马尼亚	1382	952
塞尔维亚	290	202
斯洛伐克	234	211
斯洛文尼亚	442	0

资料来源：世界银行数据库。

（2）商标申请总数

商标申请总数反映中东欧各国企业活跃度及产权保护力度，数据来源于世界银行数据库。

表2—47　　　　　　　商标申请总数统计　　　　　　（单位：个）

国别＼年份	2010年	2015年
阿尔巴尼亚	3848	3326
波黑	4730	4047
保加利亚	7046	6195
克罗地亚	7845	3685
捷克	11048	10075

续表

年份 国别	2010 年	2015 年
爱沙尼亚	3081	2672
匈牙利	6182	5438
拉脱维亚	3513	3062
立陶宛	4274	4105
马其顿	4917	2931
黑山	3937	3611
波兰	18251	16414
罗马尼亚	11963	10491
塞尔维亚	6885	6345
斯洛伐克	4887	4629
斯洛文尼亚	3846	1402

资料来源：世界银行数据库。

（3）研发支出

研发支出反映中东欧各国对于技术创新的投入程度，通过研发支出占国内生产总值百分比表示，数据来源于世界银行数据库，最新更新数据截止到 2012 年。

表 2—48　　　　　　　研发支出统计　　　　　　（单位:%）

年份 国别	2010 年	2012 年
阿尔巴尼亚	0	0
波黑	0.02	0.27
保加利亚	0.59	0.62
克罗地亚	0.74	0.75
捷克	1.34	1.79
爱沙尼亚	1.58	2.16
匈牙利	1.15	1.27
拉脱维亚	0.61	0.65
立陶宛	0.78	0.90

续表

年份 国别	2010年	2012年
马其顿	0.22	0.33
黑山	1.24	0.41
波兰	0.72	0.89
罗马尼亚	0.46	0.49
塞尔维亚	0.74	0.91
斯洛伐克	0.62	0.81
斯洛文尼亚	2.06	2.58

资料来源：世界银行数据库。

（三）中国—中东欧国家双边合作评价体系

1. 政治合作模块

（1）伙伴关系

通过中华人民共和国驻中东欧各国大使馆网站查询，中国—中东欧国家伙伴关系如表2—49所示。

表2—49　　　　　　中国—中东欧国家伙伴关系

国别	伙伴关系
阿尔巴尼亚	传统合作伙伴（2009）
波黑	
保加利亚	全面友好合作伙伴（2014）
克罗地亚	合作伙伴（2002）、全面合作伙伴（2005）
捷克	战略伙伴（2016）
爱沙尼亚	
匈牙利	友好合作伙伴（2004）
拉脱维亚	
立陶宛	
马其顿	
黑山	

续表

国别	伙伴关系
波兰	战略伙伴（2011）、全面战略伙伴（2016）
罗马尼亚	全面友好合作伙伴（2004）
塞尔维亚	战略伙伴（2009）、全面战略伙伴（2016）
斯洛伐克	战略伙伴（2016）
斯洛文尼亚	

资料来源：中国外交部网站、中国驻中东欧各国大使馆网站。

（2）高层关系

由于篇幅较大，在此略过，详情见附录5。

统计数据如表2—50所示。

表2—50　截至2011年和2016年中国—中东欧双边高层互访统计

国别\年份	阿尔巴尼亚	波黑	保加利亚	克罗地亚	捷克	爱沙尼亚	匈牙利	拉脱维亚	立陶宛	马其顿	黑山	波兰	罗马尼亚	塞尔维亚	斯洛伐克	斯洛文尼亚
2011	16	6	38	14	23	31	58	42	39	31	10	88	19	12	22	10
2016	25	15	59	28	48	40	75	54	51	40	21	111	32	26	32	24

资料来源：中国外交部网站、中国驻中东欧各国大使馆网站。

（3）外交访问

由于篇幅较大，在此略过，详情见附录6。

统计数据如表2—51所示。

表2—51　截至2011年和2016年中国—中东欧外交访问统计

国别\年份	阿尔巴尼亚	波黑	保加利亚	克罗地亚	捷克	爱沙尼亚	匈牙利	拉脱维亚	立陶宛	马其顿	黑山	波兰	罗马尼亚	塞尔维亚	斯洛伐克	斯洛文尼亚
2011	8	3	2	0	2	13	7	13	12	0	5	15	3	2	1	3
2016	10	6	3	2	5	14	8	18	13	0	8	22	4	7	3	4

资料来源：中国外交部网站、中国驻中东欧各国大使馆网站。

(4)"一带一路"谅解备忘录

截至2016年,中东欧16国中已有匈牙利、波兰、塞尔维亚、拉脱维亚、捷克、保加利亚、斯洛伐克与中国签署了"一带一路"建设谅解备忘录。定性指标采用哑音变量Dummy处理方法:"未签署 = 0,已签署 = 1"。

表2—52 截至2016年中国—中东欧签署《"一带一路"建设谅解备忘录》情况

国别 年份	阿尔巴尼亚	波黑	保加利亚	克罗地亚	捷克	爱沙尼亚	匈牙利	拉脱维亚	立陶宛	马其顿	黑山	波兰	罗马尼亚	塞尔维亚	斯洛伐克	斯洛文尼亚
2016	0	0	1	0	1	0	1	1	0	0	0	1	0	1	1	0

资料来源:中国外交部网站、中国驻中东欧各国大使馆网站。

(5)联合声明

通过中华人民共和国驻中东欧各国大使馆网站查询,中国—中东欧国家之间达成的联合声明、联合公报①如下:

阿尔巴尼亚:

● 《中华人民共和国和阿尔巴尼亚共和国联合公报》,1996年1月17日。

● 《中华人民共和国和阿尔巴尼亚共和国联合公报》,2000年12月7日。

● 《中华人民共和国和阿尔巴尼亚共和国联合公报》,2004年9月14日。

● 《中华人民共和国和阿尔巴尼亚共和国关于深化传统友好关系的联合声明》,2009年4月21日。

---

① 根据数据的可得性和标准的统一性,本报告统计的中国—中东欧国家之间达成的联合声明、联合公报截取到2000年前后。另外,考虑到后文模型中较长时间跨度可能造成的结果失真问题,选取2000年至今的时间跨度较为合理。

波黑：

● 《中华人民共和国与波斯尼亚和黑塞哥维那共和国建交联合公报》，2002年3月14日。

保加利亚：

● 《中华人民共和国和保加利亚共和国联合声明》，1998年5月11日。

● 《中华人民共和国政府和保加利亚共和国政府联合声明》，2006年11月20日。

● 《中华人民共和国和保加利亚共和国建立全面友好合作伙伴关系的联合公报》，2014年1月14日。

克罗地亚：

● 《中国和克罗地亚关于深化互利合作关系的联合声明》，2002年5月17日。

● 《中华人民共和国和克罗地亚共和国关于建立全面合作伙伴关系的联合声明》，2005年5月26日。

捷克：

● 《中华人民共和国政府与捷克共和国政府联合公报》，1999年12月18日。

● 《中华人民共和国政府和捷克共和国政府联合声明》，2005年12月9日。

● 《中华人民共和国政府和捷克共和国政府联合声明》，2006年7月25日。

● 《中华人民共和国和捷克共和国关于建立战略伙伴关系的联合声明》，2016年3月29日。

匈牙利：

● 《中华人民共和国政府与匈牙利共和国政府联合声明》，2000年12月7日。

● 《中华人民共和国和匈牙利共和国联合声明》，2004年6月11日。

● 《中华人民共和国政府和匈牙利政府关于在新形势下深化双边合作的联合声明》，2014年2月13日。

立陶宛：

● 《中华人民共和国和立陶宛共和国建交联合公报》，1991年9月14日。

马其顿：

● 《中华人民共和国和马其顿共和国联合公报》，2002年3月14日。

● 《中华人民共和国和马其顿共和国关于实现关系正常化的联合公报》，2001年6月18日。

● 《中华人民共和国和马其顿共和国关于巩固和促进友好合作关系的联合声明》，2002年4月28日。

● 《中华人民共和国和马其顿共和国联合声明》，2007年12月5日。

● 《中华人民共和国和马其顿共和国关于深化互利合作关系的联合声明》，2007年12月5日。

黑山：

● 《中华人民共和国和黑山共和国建立外交关系联合公报》，2006年7月13日。

波兰：

● 《中华人民共和国和波兰共和国联合公报》，1997年11月17日。

● 《中华人民共和国和波兰共和国联合声明》，2004年6月8日。

● 《中华人民共和国和波兰共和国关于建立战略伙伴关系的联合声明》，2011年12月20日。

● 《中华人民共和国和波兰共和国政府间合作委员会首次全体会议联合新闻稿》，2015年6月17日。

● 《中华人民共和国和波兰共和国关于建立全面战略伙伴关

系的联合声明》，2016年6月21日。

罗马尼亚：

● 《中华人民共和国和罗马尼亚联合公报》，1997年9月8日。

● 《中华人民共和国和罗马尼亚新闻公报》，2002年6月29日。

● 《中华人民共和国和罗马尼亚联合声明》，2003年8月26日。

● 《中华人民共和国和罗马尼亚关于建立全面友好合作伙伴关系的联合声明》，2004年6月14日。

● 《中华人民共和国和罗马尼亚政府关于新形势下深化双边合作的联合声明》，2013年11月27日。

塞尔维亚：

● 《中华人民共和国和塞尔维亚共和国关于建立战略伙伴关系的联合声明》，2009年8月20日。

● 《中华人民共和国和塞尔维亚共和国关于深化战略伙伴关系的联合声明》，2013年8月26日。

● 《中华人民共和国和塞尔维亚共和国关于建立全面战略伙伴关系的联合声明》，2016年6月19日。

斯洛伐克：

● 《中华人民共和国与斯洛伐克共和国联合声明》，2003年6月23日。

斯洛文尼亚：

● 《中华人民共和国与斯洛文尼亚共和国联合公报》，2002年3月14日。

● 《中华人民共和国与斯洛文尼亚共和国建交联合公报》，2002年3月14日。

表 2—53　截至 2011 年和 2016 年中国—中东欧国家间联合声明统计

国别年份	阿尔巴尼亚	波黑	保加利亚	克罗地亚	捷克	爱沙尼亚	匈牙利	拉脱维亚	立陶宛	马其顿	黑山	波兰	罗马尼亚	塞尔维亚	斯洛伐克	斯洛文尼亚
2011	4	1	2	2	3	0	2	0	1	5	1	3	4	1	1	2
2016	4	1	3	2	4	0	3	0	1	5	1	5	5	3	1	2

资料来源：中国外交部网站、中国驻中东欧各国大使馆网站。

2. 贸易合作模块

由于联合国贸易数据库数据存在滞后性，针对贸易合作模块数据采集按照滞后一年的标准进行。即 2011 年评估体系使用 2010 年贸易数据，2016 年评估体系使用 2015 年贸易数据。进出口总值数据以现价美元为单位。

（1）中国对该国出口总值

表 2—54 为 2010 年和 2015 年中国对中东欧国家出口总值统计表。

表 2—54　2010 年和 2015 年中国对中东欧国家出口总值统计　（单位：美元）

国别 \ 年份	2010 年	2015 年
阿尔巴尼亚	199277724	430471040
波黑	37589221	61502081
保加利亚	660906308	1044136632
克罗地亚	1343731335	985971053
捷克	7121515998	8227214728
爱沙尼亚	676737922	954352040
匈牙利	6518313682	5198115396
拉脱维亚	794160307	1023449501
立陶宛	982340835	1210963664
马其顿	52783088	86492426
黑山	71082965	134142114

续表

国别\年份	2010年	2015年
波兰	9438306983	14346519216
罗马尼亚	3004462173	3186741685
塞尔维亚	345016345	416208514
斯洛伐克	1958477027	2795050475
斯洛文尼亚	1385668573	2092396242

资料来源：联合国贸易数据库。

(2) 中国从中东欧国家进口总值

表2—55为2010年和2015年中国从中东欧国家进口总值统计。

表2—55　2010年和2015年中国从中东欧国家进口总值统计　（单位：美元）

国别\年份	2010年	2015年
阿尔巴尼亚	147572616	128654741
波黑	17597023	53729375
保加利亚	322999381	753035143
克罗地亚	50890177	112093819
捷克	1727987185	2781969229
爱沙尼亚	181908389	234860720
匈牙利	2197691683	2871271339
拉脱维亚	39061626	144400071
立陶宛	42148264	139707674
马其顿	91756384	136408712
黑山	3063845	24414225
波兰	1696613007	2744035403
罗马尼亚	755266641	1298895274
塞尔维亚	55116378	133911639
斯洛伐克	1790561881	2237199957
斯洛文尼亚	176569526	289554620

资料来源：联合国贸易数据库。

（3）中国出口产品占该国进口产品市场份额

对于任意一个中东欧国家，中国出口产品占该国进口产品市场份额等于中国对该国出口总值除以该国进口总值，表2—56为2010年和2015年中国出口产品占中东欧国家进口产品市场份额统计。

表2—56　2010年和2015年中国出口产品占中东欧国家进口产品市场份额统计　　（单位:%）

国别\年份	2010年	2015年
阿尔巴尼亚	4.3	10
波黑	0.4	0.7
保加利亚	2.6	3.6
克罗地亚	6.7	4.8
捷克	5.7	6.0
爱沙尼亚	5.1	6.1
匈牙利	7.5	5.8
拉脱维亚	7.1	7.4
立陶宛	4.2	4.3
马其顿	1.0	1.4
黑山	3.3	6.5
波兰	5.4	7.6
罗马尼亚	4.8	4.6
塞尔维亚	2.1	2.3
斯洛伐克	3.0	3.8
斯洛文尼亚	5.2	8.1

资料来源：联合国贸易数据库。

（4）该国出口产品占中国进口产品市场份额

对于任意一个中东欧国家，该国出口产品占中国进口产品市场份额等于该国对中国出口总值除以中国进口总值，表2—57为

2010年和2015年中东欧国家出口产品占中国进口产品市场份额统计。

表2—57　2010年和2015年中东欧国家出口产品占中国进口产品市场份额统计

年份 国别	2010年	2015年
阿尔巴尼亚	0.000105711	7.65041E−05
波黑	1.26053E−05	3.195E−05
保加利亚	0.000231375	0.00044779
克罗地亚	3.64542E−05	6.66562E−05
捷克	0.001237812	0.001654289
爱沙尼亚	0.000130307	0.000139659
匈牙利	0.001574276	0.001707392
拉脱维亚	2.79811E−05	8.5867E−05
立陶宛	3.01921E−05	8.30767E−05
马其顿	6.5728E−05	8.1115E−05
黑山	2.19473E−06	1.45178E−05
波兰	0.001215337	0.001631732
罗马尼亚	0.000541021	0.000772384
塞尔维亚	3.94816E−05	7.96301E−05
斯洛伐克	0.001282636	0.001330344
斯洛文尼亚	0.000126482	0.000172183

资料来源：联合国贸易数据库。

3. 金融合作模块

（1）货币与债券合作

衡量中国—中东欧16国是否开展货币与债券合作的指标，定性指标采用哑音变量Dummy处理方法："未开展＝0，已开展＝1"。

表2—58　中国—中东欧货币与债券合作统计

国别 年份	阿尔巴尼亚	波黑	保加利亚	克罗地亚	捷克	爱沙尼亚	匈牙利	拉脱维亚	立陶宛	马其顿	黑山	波兰	罗马尼亚	塞尔维亚	斯洛伐克	斯洛文尼亚
2016	1	0	0	0	0	0	1	0	1	0	0	1	0	0	0	0

- 2013年9月9日，中国与匈牙利签署双边本币互换协议。
- 2013年9月12日，中国与阿尔巴尼亚签署双边本币互换协议。
- 2014年，立陶宛获得许可进入中国国债市场。
- 2015年11月25日，匈牙利与中国签署以人民币发行国家债券协议。
- 2016年6月，匈牙利发行10亿人民币计价债券，成为第一个发行人民币计价主权债券的中东欧国家。
- 2016年8月25日，波兰发行人民币债券。

（2）开设银行

衡量中国在中东欧16国是否开设银行的指标，定性指标采用哑音变量Dummy处理方法："未开设=0，已开设=1"。

表2—59　中国—中东欧开设银行统计

国别 年份	阿尔巴尼亚	波黑	保加利亚	克罗地亚	捷克	爱沙尼亚	匈牙利	拉脱维亚	立陶宛	马其顿	黑山	波兰	罗马尼亚	塞尔维亚	斯洛伐克	斯洛文尼亚
2016	0	0	0	0	1	0	1	0	0	0	0	1	0	0	0	0

（3）人民币离岸市场建设

衡量中国在中东欧16国是否进行人民币离岸市场建设的指标，定性指标采用哑音变量Dummy处理方法："未建设=0，已建设=1"。人民币清算中心建设是离岸市场建设的重要形式，然而人民币清算中心在中东欧地区建设较晚,① 反映双边金融合作效果有待观察。

表2—60　　　　中国—中东欧人民币离岸市场建设统计

国别 年份	阿尔巴尼亚	波黑	保加利亚	克罗地亚	捷克	爱沙尼亚	匈牙利	拉脱维亚	立陶宛	马其顿	黑山	波兰	罗马尼亚	塞尔维亚	斯洛伐克	斯洛文尼亚
2011	0	0	0	0	0	0	0	0	0	0	0	0	0	0	0	0
2016	1	0	0	0	1	0	1	0	0	1	0	0	0	1	0	1

资料来源：世界银行数据库。

（4）汇率

衡量中国—中东欧国家汇率波动的指标，采用世界银行年平均汇率数据计算。人民币兑中东欧国家汇率等于美元兑中东欧国家汇率除以美元兑人民币汇率。

表2—61　　　　人民币兑中东欧国家汇率统计

国别 年份	阿尔巴尼亚	波黑	保加利亚	克罗地亚	捷克	爱沙尼亚	匈牙利	拉脱维亚	立陶宛	马其顿	黑山	波兰	罗马尼亚	塞尔维亚	斯洛伐克	斯洛文尼亚
2011	15.4	0.2	0.2	0.8	2.8	1.7	30.7	0.1	0.4	6.9	0.1	0.4	0.5	11.5	4.6	28.5
2016	20.2	0.3	0.3	1.1	3.9	1.9	44.8	0.1	0.4	8.9	0.1	0.6	0.6	17.5	5.0	30.9

资料来源：世界银行数据库。

4. 投资合作模块

（1）中国对该国OFDI（流量）

反映中国对中东欧国家对外直接投资当年度投资水平，数据来源于商务部《中国对外直接投资统计公报》。由于对外直接投

---

① 2015年10月，中东欧地区首家人民币清算中心在匈牙利设立。

资数据的滞后性，报告采取滞后一年的方式进行统计。

表2—62　2010年和2015年中国对中东欧国家OFDI流量统计（单位：万美元）

国别＼年份	2010年	2015年
阿尔巴尼亚	8	355
波黑	6	0
保加利亚	1629	2042
克罗地亚	3	0
捷克	211	246
爱沙尼亚	0	0
匈牙利	37010	3402
拉脱维亚	0	0
立陶宛	0	0
马其顿	0	0
黑山	0	0
波兰	1674	4417
罗马尼亚	1084	4225
塞尔维亚	210	1169
斯洛伐克	46	4566
斯洛文尼亚	0	0

资料来源：商务部，《中国对外直接投资统计公报》。

（2）中国对该国OFDI（存量）

反映中国对中东欧国家对外直接投资历史累积水平，数据来源于商务部《中国对外直接投资统计公报》。由于对外直接投资数据的滞后性，报告采取滞后一年的方式进行统计。

表2—63　2010年和2015年中国对中东欧国家OFDI存量统计（单位：万美元）

国别＼年份	2010年	2015年
阿尔巴尼亚	443	703

续表

年份 国别	2010 年	2015 年
波黑	598	613
保加利亚	1860	17027
克罗地亚	813	1187
捷克	5233	24269
爱沙尼亚	750	350
匈牙利	46570	55675
拉脱维亚	54	54
立陶宛	391	1248
马其顿	20	211
黑山	32	32
波兰	14031	32935
罗马尼亚	12495	19137
塞尔维亚	484	2977
斯洛伐克	982	12779
斯洛文尼亚	500	500

资料来源：商务部，《中国对外直接投资统计公报》。

5. 人文交流模块

（1）文化中心

衡量中国—中东欧国家之间是否开设文化中心的指标，定性指标采用哑音变量 Dummy 处理方法："未开设＝0，已开设＝1"。2011 年，中国—中东欧国家相互间均未开设文化中心，截止到 2016 年 6 月，中国已与部分中东欧国家开设了文化中心，2016 年数据分为两个方向，即中国在中东欧国家开设文化中心和中东欧国家在中国开设文化中心。

表2—64　　　　　　　　中国—中东欧文化中心统计

国别年份		阿尔巴尼亚	波黑	保加利亚	克罗地亚	捷克	爱沙尼亚	匈牙利	拉脱维亚	立陶宛	马其顿	黑山	波兰	罗马尼亚	塞尔维亚	斯洛伐克	斯洛文尼亚
2011		0	0	0	0	0	0	0	0	0	0	0	0	0	0	0	0
2016	中国在中东欧国家	0	0	0	0	0	0	1	0	0	0	0	0	0	0	0	0
2016	中东欧国家在中国	0	0	1	0	0	0	1	1	0	0	0	1	1	1	0	0

资料来源：中东欧国家驻华使馆网站。

(2) 孔子学院

统计中国在中东欧各国开设孔子学院数量，详细情况如下：

阿尔巴尼亚：

2013年5月22日，地拉那大学孔子学院。

波黑：

2014年12月7日，萨拉热窝大学孔子学院。

保加利亚：

2005年12月1日，索非亚孔子学院。

2012年3月28日，大特尔诺沃大学孔子学院。

克罗地亚：

2011年7月27日，萨格勒布大学孔子学院。

捷克：

2006年10月6日，帕拉斯基大学孔子学院。

爱沙尼亚：

2010年2月16日，塔林大学孔子学院。

匈牙利：

2006年6月21日，罗兰大学孔子学院。

2012年5月14日，赛格德大学孔子学院。

2013 年 4 月 25 日，米什科尔茨大学孔子学院。
2014 年 8 月 27 日，佩奇大学中医孔子学院。

拉脱维亚：
2011 年 4 月 26 日，拉脱维亚大学孔子学院。

立陶宛：
2010 年 2 月 8 日，维尔纽斯大学孔子学院。

马其顿：
2013 年 4 月 3 日，圣基里尔·麦托迪大学孔子学院。

黑山：
2014 年 9 月 2 日，黑山大学孔子学院。

波兰：
2006 年 12 月 1 日，克拉科夫孔子学院。
2008 年 6 月 14 日，密茨凯维奇大学孔子学院。
2008 年 9 月 1 日，弗罗茨瓦夫大学孔子学院。
2008 年 10 月 8 日，奥波莱孔子学院。
2015 年 9 月 21 日，格但斯克大学孔子学院。

罗马尼亚：
2006 年 8 月 21 日，锡比乌大学孔子学院。
2009 年 10 月 3 日，克鲁日巴比什—波雅依大学孔子学院。
2011 年 3 月 29 日，特来西瓦尼亚大学孔子学院。
2013 年 3 月 19 日，布加勒斯特大学孔子学院。

塞尔维亚：
2006 年 5 月 30 日，贝尔格莱德孔子学院。
2013 年 8 月 30 日，诺维萨德大学孔子学院。

斯洛伐克：
2007 年 2 月 25 日，布拉迪斯拉发孔子学院。
2014 年 9 月 2 日，考门斯基大学孔子学院。

斯洛文尼亚：
2009 年 8 月 27 日，卢布尔雅那大学孔子学院。

统计数据如表 2—65 所示：

表 2—65　中国在中东欧开设孔子学院统计

国别 年份	阿尔巴尼亚	波黑	保加利亚	克罗地亚	捷克	爱沙尼亚	匈牙利	拉脱维亚	立陶宛	马其顿	黑山	波兰	罗马尼亚	塞尔维亚	斯洛伐克	斯洛文尼亚
2011	0	0	1	1	1	1	1	1	1	0	0	4	3	1	1	1
2016	1	1	2	1	1	1	4	1	1	1	1	5	4	2	2	1

资料来源：孔子学院总部网站。

（3）智库

统计中东欧国家参与"中国—中东欧国家智库交流与合作网络"智库数量，详细情况如下：

阿尔巴尼亚：

无

波黑：

无

保加利亚：

无

克罗地亚：

克罗地亚国际关系和发展研究所

萨格勒布大学

捷克：

捷克国际事务研究所

查理大学和捷克科学院经济研究所

欧洲政策研究所

捷克科学院经济研究所

维谢格拉德基金会

捷克布拉格经济大学国际学院

爱沙尼亚：

爱沙尼亚外交政策研究所

爱沙尼亚塔林理工大学

爱沙尼亚塔尔图大学

匈牙利：

匈牙利国际事务与贸易研究所

匈牙利考文纽斯大学

匈牙利安道尔约瑟夫知识中心

匈牙利中东欧亚洲研究中心

匈牙利世纪末基金会

匈牙利国家行政大学

维谢格拉德基金会

拉脱维亚：

拉脱维亚国际事务研究所

拉脱维亚国家防卫学院

拉脱维亚大学

拉脱维亚科学院

立陶宛：

立陶宛东欧研究中心

马其顿：

无

黑山：

无

波兰：

华沙经济学院世界经济研究所东亚中心

波兰国际事务研究所

波兰亚洲研究中心

波兰信息与外国投资局

波兰东方研究中心

波兰科学院

维谢格拉德基金会

罗马尼亚：

罗马尼亚 EURISIC 基金会

罗马尼亚科学院

罗马尼亚 ASPEN 研究所

罗马尼亚科学院世界经济所

塞尔维亚：

塞尔维亚贝尔格莱德大学

塞尔维亚世界经济与政治研究所

塞尔维亚诺维萨德大学

斯洛伐克：

斯洛伐克美国德国马歇尔基金会

斯洛伐克布拉迪斯拉发经济大学国际关系学院

斯洛伐克中欧研究中心

斯洛伐克考门纽斯大学

维谢格拉德基金会

斯洛文尼亚：

斯洛文尼亚欧洲视角中心

统计数据如下表所示：

表2—66　中东欧国家参与"中国—中东欧国家智库交流与合作网络"统计

国别年份	阿尔巴尼亚	波黑	保加利亚	克罗地亚	捷克	爱沙尼亚	匈牙利	拉脱维亚	立陶宛	马其顿	黑山	波兰	罗马尼亚	塞尔维亚	斯洛伐克	斯洛文尼亚
2011	0	0	0	0	0	0	0	0	0	0	0	0	0	0	0	0
2016	0	0	0	2	6	3	7	4	1	0	0	7	4	3	5	1

资料来源：中国—中东欧国家智库交流与合作网络网站，http：//www.16plus1-thinktank.com。

三 中东欧营商指数及中国—中东欧双边合作指数

（一）模型指标体系的构建

根据本报告第一章提出的目标和要求，通过行政环境因素、宏观经济环境因素、贸易环境因素、金融环境因素、投融资环境因素、基础设施环境因素、社会环境因素、创新能力因素8个二级指标对中东欧16个国家的营商环境进行评价。评价体系在8个二级指标之下还设有51个三级指标，详情如表3—1所示。

表3—1　　中东欧营商环境评价体系评价指标

二级指标	三级指标	单位	代码
行政环境 X1	世界经济自由度指数	指数	X10
	廉洁指数	0—10，数值越大，行政人员越清廉	X11
	军费支出	%	X12
	执政周期	年	X13
	是否存在提前大选	指数	X14
	开办企业流程的成本	%	X15
	法律权利力度	指数	X16
宏观经济环境 X2	官方储备资产	现价美元，百万美元	X20
	贝塔斯曼转型指数	指数	X21
	GDP	现价美元，百万美元	X22
	人均GDP	现价美元	X23
	经济增长	%	X24
	通胀率	%	X25
	固定资本形成总额	现价美元，百万美元	X26
	工业增加值	现价美元，百万美元	X27
	服务等附加值	现价美元，百万美元	X28
	营商环境	指数	X29

续表

二级指标	三级指标	单位	代码
贸易环境 X3	出口总值	现价美元	X30
	进口总值	现价美元	X31
	贸易竞争优势指数	指数	X32
	贸易世界占有率	%	X33
	海关关税税率	%	X34
	物流绩效指数	指数	X35
金融环境 X4	官方汇率	本币单位	X40
	实际利率	%	X41
	银行不良贷款与贷款总额的比率	%	X42
投融资环境 X5	主权债券评级	指数	X50
	银行部门提供的国内信贷	%，占GDP的百分比	X51
	净国内信贷	现价美元，百万美元（需要计算）	X52
	投资率	%	X53
	中央政府债务率	%	X54
	储蓄率	%	X55
	利用外资存量	现价美元，百万美元	X56
	对外直接投资存量	现价美元，百万美元	X57
基础设施环境 X6	互联网普及率	%，每百人中互联网用户人数	X60
	铁路里程	千米	X61
	铁路货运量	百万吨·千米	X62
	航空货运量	百万吨·千米	X63
	耗电量	人均千瓦时	X64
	公共医疗卫生支出	%，占政府支出的百分比	X65
	港口基础设施质量	指数	X66
	货柜码头吞吐量	TEU，20英尺当量单位	X67

续表

二级指标	三级指标	单位	代码
社会环境 X7	人口	千人	X70
	最低工资	现价美元	X71
	人均医疗卫生支出	现价美元	X72
	劳动人口比重	%，占总人口的百分比	X73
	人口密度	每公里土地面积人数	X74
	人均居民最终消费支出	美元，2010年不变价	X75
创新能力 X8	专利申请量	个	X80
	商标申请总数	个	X81
	研发支出	%，占GDP的比例	X82

从政治合作、贸易合作、金融合作、投资合作、人文交流5个层次衡量中国—中东欧各国双边合作水平。评价体系包含5个二级指标、17个三级指标，详情如表3—2所示。

表3—2　　　　中国—中东欧双边合作评价体系评价指标

二级指标	三级指标	单位	代码
政治合作 Y1	伙伴关系	次数	Y10
	高层关系	次数	Y11
	外交访问	次数	Y12
	联合声明	个	Y13
贸易合作 Y2	中国对该国出口总值	现价美元	Y20
	中国从该国进口总值	现价美元	Y21
	中国出口产品占该国进口产品市场份额	%	Y22
	该国出口产品占中国进口产品市场份额	%	Y23

续表

二级指标	三级指标	单位	代码
金融合作 Y3	货币与债券合作	次数	Y30
	开设银行	个	Y31
	人民币离岸市场建设	个	Y32
	汇率	本币单位	Y33
投资合作 Y4	中国对该国OFDI，流量	现价美元，万美元	Y40
	中国对该国OFDI，存量	现价美元，万美元	Y41
人文交流 Y5	文化中心	指数	Y50
	孔子学院数量	个	Y51
	智库数量	个	Y52

（二）计量模型

1. 计量模型的选择

评价体系模型选择的整体思路为通过指标数据量化中东欧16国营商环境、双边合作水平，再运用计量经济学分析方法建立中东欧16国营商环境和中国—中东欧双边合作水平的评价模型。

为了保证评价体系的科学性、准确性和客观性，对于各评价指标权重的确定显得至关重要。评价体系中，由于每个指标所包含的信息量不同，对于综合评价值的贡献率也有所不同，对于独立性较强，信息量较大的指标，我们往往赋予较大的权重；反之，对于独立性较弱，信息重复过多的指标，应赋予较小的权重。基于评价指标相关性较强、指标数量较多的特点，选择因子分析法构建此评价模型。

因子分析法的基本思想，即通过对变量相关系数矩阵的研究，在尽量减少信息损失的前提下，将相关性较大的变量分别归为一类，每一类变量聚合为一个因子（称为因子是因为其不可观测性，不是具体的变量），从而达到将多个指标转化为少数关键因子，以少量因子反映原始资料大部分信息的目的。

因子分析法的最大优点在于,各因子的权重并非通过主观赋值确定,而是根据各自的方差贡献率来确定。方差越大的因子对评价值的影响越大,具有较大的权重;反之,方差越小的因子对于评价值的作用越小,其权重也相应较小。因此,因子分析法避免了人为赋值的随意性和主观性,使得综合评价值较为客观和科学。此外,因子分析法的数据处理流程可全权通过软件进行,从而提高其可操作性。总体来看,因子分析法具有其他方法不可比拟的实用性与科学性,采用这种研究方法,可以准确定位影响营商环境的主要因素及其各自的权重大小,从而对中东欧各国营商环境水平做出综合有效的评价。

基于指标数据的可得性和完整性,选取统计数据进行定量评价,指标数据均来源于世界银行、联合国贸易数据库、联合国贸易和发展会议数据库、国际货币基金组织等权威机构。

2. 计量模型的说明

因子分析法最初是用于处理多维随机变量在线性变换下其分量相关性问题的,通过计算相关系数矩阵的特征值或特征向量,按指定的贡献率求出集中原始变量主要信息且相互独立的主因子。

其模型如下:

设有 n 个样本,每个样本都有 p 个观测值,分别用 X_1, X_2, $\cdots$, X_p 表示。

$$\begin{cases} X_1 = a_{11}F_1 + a_{12}F_2 + \cdots + a_{1m}F_m + \varepsilon_1 \\ X_2 = a_{21}F_1 + a_{22}F_2 + \cdots + a_{2m}F_m + \varepsilon_2 \\ X_p = a_{p1}F_1 + a_{p2}F_2 + \cdots + a_{pm}F_m + \varepsilon_p \end{cases}$$

用矩阵可表示为:

$$X = \begin{pmatrix} X_1 \\ X_2 \\ \vdots \\ X_p \end{pmatrix} = \begin{pmatrix} a_{11} & \cdots & a_{1m} \\ a_{21} & \cdots & a_{2m} \\ \vdots & \ddots & \vdots \\ a_{p1} & \cdots & a_{pm} \end{pmatrix} \times \begin{pmatrix} F_1 \\ F_2 \\ \vdots \\ F_m \end{pmatrix} + \begin{pmatrix} \varepsilon_1 \\ \varepsilon_2 \\ \vdots \\ \varepsilon_p \end{pmatrix}$$

模型中，所有变量都由两部分构成：一部分为所有变量共有的少数因子，即 $F_1, F_2, \cdots, F_m (m < p)$，称为公共因子，可以看作多维空间中互相垂直的 m 个坐标轴；另一部分为每个变量各自特有的因素 ε_i，即独特因子部分，表示原变量不能被公共因子所解释的部分。a_{ij} 称为因子载荷，它是第 i 个变量在第 j 个公共因子上的负荷，即权重，它反映了第 i 个变量在第 j 个公共因子上的相对重要性。矩阵 A 称为因子载荷矩阵。

除此之外，各变量还需满足以下条件：i) F_i 与 F_j 不相关，且方差均为 1；ii) F 与 ε 不相关；iii) ε_i 与 ε_j 不相关，且方差不同。

常用的因子分析法操作步骤如下：

（1）对原始数据进行标准化处理，消除量纲影响

因子分析法的最终目标是从众多原始变量中综合出少数具有代表性的因子，因此使用该方法有一个前提条件，即原有变量之间应具有较强的相关性。但不同的指标往往在经济意义和表现形式上都有所不同，为了使这些指标具有可比性，必须进行标准化处理。标准化处理，即对评价指标数值的无量纲化处理。通过一定的数学转换方法，我们将性质、量纲各异的指标值转化为可进行综合的相对值，即量化值，并使其保持方向上的一致性。目前，国际上比较常用的方法是 Z – sore 法。

转换公式为：$X'_{ij} = X_{ij} - \bar{X}_j / S_j$

其中 $\bar{X}_j = \sum\limits_{i=1}^{n} X_{ij}/n$，

$S_j^2 = \sum\limits_{i=1}^{n} (X_{ij} - \bar{X}_j)^2 / n - 1 \ (i = 1, 2, \ldots, n, j = 1, 2, \ldots, p)$

经过标准化处理后，变量 X'_{ij} 满足：

$$E(X'_{ij}) = 0, Var(X'_{ij}) = 1$$

（2）计算样本相关系数矩阵 R

$$R = \begin{pmatrix} r_{11} & r_{12} & \cdots & r_{1p} \\ r_{21} & r_{22} & \cdots & r_{2p} \\ \vdots & \vdots & \ddots & \vdots \\ r_{n1} & r_{n2} & \cdots & r_{np} \end{pmatrix}$$

相关系数 r_{ij} 的计算公式为：$r_{ij} = \dfrac{1}{n}\sum\limits_{a=1}^{n} X_{ai} X_{aj}$。

（3）求相关矩阵 R 的特征根及特征向量

特征值是指每个变量在某一公共因子上的因子负荷的平方总和，又叫特征根。在因子分析法的公共因子提取中，特征值最大的公共因子会最先被提取，最后提取特征值最小的公共因子。因子分析的目的就是使因子维度简单化，希望能以最小的公共因子对总变异量作最大的解释，因而提取的因素愈少愈好，而提取因子之累积解释的变异量则愈大愈好。

设 R 的特征值和特征向量分别为 $\lambda_1 \geq \lambda_2 \geq \cdots \geq \lambda_p > 0$ 和 $u_1, u_2, \ldots, u_p$。

根据累计贡献率大于85%的要求，取前 m 个特征根以及相应的特征向量构成因子载荷矩阵：

$$A = \begin{pmatrix} a_{11} & \cdots & a_{1m} \\ a_{21} & \cdots & a_{2m} \\ \vdots & \ddots & \vdots \\ a_{p1} & \cdots & a_{pm} \end{pmatrix} = \begin{pmatrix} u_{11}\sqrt{\lambda_1} & \cdots & u_{1m}\sqrt{\lambda_m} \\ u_{21}\sqrt{\lambda_1} & \cdots & u_{2m}\sqrt{\lambda_m} \\ \vdots & \ddots & \vdots \\ u_{p1}\sqrt{\lambda_1} & \cdots & u_{pm}\sqrt{\lambda_m} \end{pmatrix}$$

（4）计算 m 个因子的累计方差贡献率

每个公共因子对原始数据的解释能力，可以用该因子所解释的总方差来衡量，即每个公共因子所解释的方差占所有变量总方差的比例，通常称为该因子的贡献率。由 $\partial(K) > 85\%$ 的标准，确定 K 值。

$$\partial(K) = \left(\sum_{m=1}^{k} \lambda_m\right) \Big/ \left(\sum_{m=1}^{p} \lambda_m\right)$$

(5) 对因子进行命名解释

在提取初始因子后，通常会出现对公共因子无法作有效解释的情况。为了更好地理解每个公共因子的意义，必须对负荷矩阵进行旋转。旋转目的在于改变每个变量在各因子的负荷量的大小，使每个变量仅仅在一个公共因子上有较大载荷，而在其余公共因子上的载荷比较小，从而使得载荷矩阵的结构简化。

旋转方法有两种：一种为正交旋转，如"方差极大正交旋转法""四次方极大正交旋转法""等量方差极大正交旋转法"，等等；另一种为斜交旋转，如"斜交旋转法""迫近最大方差斜交旋转法"，等等。正交旋转时，坐标轴在旋转过程中始终保持垂直，新生成的因子保持不相关性。斜交旋转中坐标轴中的夹角可以是任意度数，新生成的因子之间不能保持不相关性。本报告选用的是正交旋转法中的方差极大正交旋转法。

(6) 计算综合得分

将公共因子表示为原有变量的线性组合，即

$$F_{mi} = \sum_{j=1}^{p} u_m X'_{ij}, i = 1,2,\ldots,n, m = 1,2,\ldots,p$$

以每个公共因子的贡献率为权重，加权求和所得综合评价值为

$$F_i = \sum_{m=1}^{p} \beta_m F_{mi}, \quad 其中 \beta_m = \lambda_m / \sum_{m=1}^{p} \lambda_m$$

(二) 实证分析结果

1. 2011 年中东欧营商环境指数

(1) 提取特征值和特征向量。由统计软件分析结果可知，前 9 个最大特征值分别为 36.620、22.033、5.790、5.326、5.218、5.089、4.912、4.291、3.822。其累计贡献率已超过 90%（93.10%），因此，在统计学上可以认为前 9 个因子已经基本上包含了评价指标体系所包含的全部信息，足以反映中东欧国家营商环境水平。

表3—3　　　　　　　　特征值和特征向量贡献率

元件	起始特征值 总计	起始特征值 方差的%	起始特征值 累加%	摘取平方和载入 总计	摘取平方和载入 方差的%	摘取平方和载入 累加%	循环平方和载入 总计	循环平方和载入 方差的%	循环平方和载入 累加%
1	18.981	40.386	40.386	18.981	40.386	40.386	17.211	36.620	36.620
2	9.612	20.451	60.837	9.612	20.451	60.837	10.356	22.033	58.653
3	3.160	6.723	67.560	3.160	6.723	67.560	2.722	5.790	64.443
4	2.822	6.004	73.564	2.822	6.004	73.564	2.503	5.326	69.769
5	2.644	5.625	79.189	2.644	5.625	79.189	2.453	5.218	74.988
6	2.091	4.450	83.639	2.091	4.450	83.639	2.392	5.089	80.077
7	1.718	3.654	87.293	1.718	3.654	87.293	2.308	4.912	84.988
8	1.485	3.160	90.453	1.485	3.160	90.453	2.017	4.291	89.280
9	1.245	2.648	93.101	1.245	2.648	93.101	1.796	3.822	93.101
10	0.983	2.091	95.192						
11	0.850	1.808	97.000						
12	0.567	1.207	98.208						
13	0.445	0.947	99.154						
14	0.259	0.551	99.705						
15	0.138	0.295	100.000						
16	7.660E−16	1.630E−15	100.000						
17	4.915E−16	1.046E−15	100.000						
18	4.000E−16	8.511E−16	100.000						
19	3.070E−16	6.533E−16	100.000						
20	2.763E−16	5.879E−16	100.000						
21	2.543E−16	5.411E−16	100.000						
22	2.283E−16	4.858E−16	100.000						

摘取方法：主成分分析。

注：部分结果略。

（2）获得因子载荷矩阵。为计算每个公因子的具体含义，我们采用方差极大正交旋转法处理因子载荷矩阵。

从附录1可以看出，指标体系全部变量经过数学处理后被压缩成9个相互独立的综合指标。由因子1至因子9，每个因子所包含的信息量依次递减。

根据各指标标准化数据以及因子载荷矩阵，计算得到主成分因子F_1到F_9，具体赋值如表3—4所示。

表3—4　　　2011年中东欧国家营商环境指数主成分因子

	F_1	F_2	F_3	F_4	F_5	F_6	F_7	F_8	F_9
阿尔巴尼亚	-0.686	-1.378	-0.056	0.069	2.169	-1.694	0.341	1.747	0.231
波黑	-0.514	-1.451	0.352	0.456	-1.744	1.079	-0.068	1.654	0.015
保加利亚	-0.169	-0.517	-0.692	-0.097	0.727	-0.219	0.023	-1.110	0.032
克罗地亚	-0.259	0.333	-0.279	-1.065	-0.111	0.092	-0.366	0.137	-3.316
捷克	0.991	0.935	-0.061	0.496	1.250	1.448	-0.284	0.020	0.059
爱沙尼亚	-0.660	1.594	0.511	-0.804	0.256	0.052	-0.707	-1.298	0.210
匈牙利	0.502	0.298	0.838	1.158	-0.560	-1.147	2.729	-0.713	-0.629
拉脱维亚	-0.487	0.351	-2.140	1.433	-0.767	-1.269	-1.509	0.267	0.095
立陶宛	-0.433	0.103	1.023	1.363	-1.123	-0.455	-0.670	-1.107	0.305
马其顿	-0.658	-1.029	1.074	0.179	0.489	0.546	-0.337	0.035	-0.740
黑山	-0.788	-0.454	1.192	-1.925	-0.311	-0.995	-0.548	-0.354	1.194
波兰	3.377	-0.121	0.426	-0.674	-0.576	-0.969	-0.882	0.702	0.237
罗马尼亚	0.849	-0.995	-1.290	0.212	0.829	0.463	0.378	-1.312	0.420
塞尔维亚	-0.159	-0.765	-1.351	-1.304	-0.938	1.146	1.080	-0.485	0.673
斯洛伐克	-0.217	0.494	1.067	1.109	0.776	1.485	-0.428	0.413	0.498
斯洛文尼亚	-0.688	2.603	-0.614	-0.607	-0.369	0.437	1.249	1.404	0.717

（3）计算综合得分。根据各公因子的方差贡献率（F_1至F_9方差贡献率依次为36.620%、22.033%、5.790%、5.326%、5.218%、5.089%、4.912%、4.291%、3.822%）为权重计算综合得分，综合得分即本报告所求的中东欧国家营商环境指数。在此值得强调的是，综合得分根据公共因子以及公共因子方差贡

献率所得，与后文其他指数相比存在标准不统一的情况，因此规定综合得分最小值为0，最大值为10进行指数标准化处理。综合得分以及指数情况如表3—5所示。

表3—5 2011年中东欧国家营商环境综合得分与指数

	综合得分	指数
阿尔巴尼亚	−0.427	0.366
波黑	−0.431	0.341
保加利亚	−0.240	1.538
克罗地亚	−0.234	1.570
捷克	0.720	7.531
爱沙尼亚	0.030	3.221
匈牙利	0.351	5.228
拉脱维亚	−0.312	1.084
立陶宛	−0.155	2.067
马其顿	−0.386	0.624
黑山	−0.486	0.000
波兰	1.115	10.000
罗马尼亚	0.073	3.492
塞尔维亚	−0.307	1.114
斯洛伐克	0.282	4.795
斯洛文尼亚	0.406	5.568

2. 2011年中国—中东欧双边合作指数

（1）提取特征值和特征向量。由统计软件分析结果可知，前3个最大特征值分别为33.580、27.557、18.805。其累计贡献率几乎超过80%（79.94%），因此，在统计学上可以认为前3个因子已经基本上包含了评价指标体系所包含的全部信息，足以反映中国—中东欧双边合作水平。

表3—6　　　　　　　　特征值和特征向量贡献率

元件	起始特征值 总计	起始特征值 方差的%	起始特征值 累加%	摘取平方和载入 总计	摘取平方和载入 方差的%	摘取平方和载入 累加%	循环平方和载入 总计	循环平方和载入 方差的%	循环平方和载入 累加%
1	9.030	53.115	53.115	9.030	53.115	53.115	5.709	33.580	33.580
2	3.021	17.770	70.885	3.021	17.770	70.885	4.685	27.557	61.137
3	1.540	9.057	79.942	1.540	9.057	79.942	3.197	18.805	79.942
4	0.969	5.701	85.643						
5	0.849	4.997	90.640						
6	0.606	3.567	94.207						
7	0.362	2.129	96.337						
8	0.335	1.971	98.307						
9	0.108	0.636	98.944						
10	0.070	0.409	99.353						
11	0.048	0.281	99.634						
12	0.044	0.258	99.892						
13	0.018	0.108	100.000						
14	3.888E−05	0	100.000						
15	7.205E−17	4.238E−16	100.000						
16	1.766E−17	1.039E−16	100.000						
17	−1.088E−19	−6.399E−19	100.000						

摘取方法：主成分分析。

注：部分结果略。

（2）获得因子载荷矩阵。为计算每个公因子的具体含义，我们采用方差极大正交旋转法处理因子载荷矩阵。

从附录2可以看出，指标体系全部变量经过数学处理后被压缩成3个相互独立的综合指标。由因子1至因子3，每个因子所包含的信息量依次递减。

根据各指标标准化数据以及因子载荷矩阵，计算得到主成分因子F_1到F_3，具体赋值如表3—7所示。

表 3—7　　2011 年中国—中东欧双边合作指数主成分因子

	F_1	F_2	F_3
阿尔巴尼亚	-0.695	0.099	-0.347
波黑	-1.407	0.084	-0.055
保加利亚	-0.665	-0.238	1.611
克罗地亚	-0.129	-0.659	0.527
捷克	1.367	-0.914	0.390
爱沙尼亚	-0.172	-0.341	-0.809
匈牙利	1.183	2.823	0.353
拉脱维亚	0.099	-0.240	-0.892
立陶宛	-0.218	-0.425	-0.793
马其顿	-0.596	-0.349	0.649
黑山	-0.366	-0.389	-0.906
波兰	1.635	0.859	0.234
罗马尼亚	0.822	-0.547	0.311
塞尔维亚	-0.916	0.102	1.460
斯洛伐克	0.439	-0.228	-0.720
斯洛文尼亚	-0.383	0.363	-1.014

（3）计算综合得分。根据各公因子的方差贡献率（F_1 至 F_3 方差贡献率依次为 33.580%、27.557%、18.805%）为权重计算综合得分，综合得分即本报告所求的中国—中东欧双边合作指数。在此值得强调的是，综合得分根据公共因子以及公共因子方差贡献率所得，因此规定综合得分最小值为 0，最大值为 10 进行指数标准化处理。综合得分以及指数情况如表 3—8 所示。

表 3—8　　2011 年中国—中东欧双边合作综合得分与指数

	综合得分	指数
阿尔巴尼亚	-0.271	1.106
波黑	-0.459	0.000

续表

	综合得分	指数
保加利亚	0.014	2.784
克罗地亚	-0.126	1.961
捷克	0.281	4.350
爱沙尼亚	-0.304	0.916
匈牙利	1.241	10.000
拉脱维亚	-0.200	1.523
立陶宛	-0.339	0.706
马其顿	-0.174	1.676
黑山	-0.401	0.346
波兰	0.830	7.580
罗马尼亚	0.184	3.781
塞尔维亚	-0.005	2.672
斯洛伐克	-0.051	2.401
斯洛文尼亚	-0.219	1.413

3. 2016年中东欧营商环境指数

（1）提取特征值和特征向量。由统计软件分析结果可知，前10个最大特征值分别为35.607、21.091、6.154、5.847、5.361、4.966、4.711、4.648、3.925、3.072。其累计贡献率已超过95%（95.38%），因此在统计学上可以认为前10个因子已经基本上包含了评价指标体系所包含的全部信息，足以反映中东欧营商环境水平。

表3—9　　　　特征值和特征向量贡献率

元件	起始特征值			摘取平方和载入			循环平方和载入		
	总计	方差的%	累加%	总计	方差的%	累加%	总计	方差的%	累加%
1	19.078	38.935	38.935	19.078	38.935	38.935	17.448	35.607	35.607
2	10.138	20.689	59.624	10.138	20.689	59.624	10.335	21.091	56.699

续表

元件	起始特征值			摘取平方和载入			循环平方和载入		
	总计	方差的%	累加%	总计	方差的%	累加%	总计	方差的%	累加%
3	4.537	9.259	68.883	4.537	9.259	68.883	3.015	6.154	62.853
4	3.68	7.51	76.393	3.68	7.51	76.393	2.865	5.847	68.699
5	2.325	4.745	81.138	2.325	4.745	81.138	2.627	5.361	74.061
6	1.921	3.92	85.058	1.921	3.92	85.058	2.433	4.966	79.027
7	1.452	2.964	88.022	1.452	2.964	88.022	2.308	4.711	83.738
8	1.328	2.71	90.732	1.328	2.71	90.732	2.277	4.648	88.386
9	1.202	2.454	93.185	1.202	2.454	93.185	1.923	3.925	92.311
10	1.077	2.197	95.383	1.077	2.197	95.383	1.505	3.072	95.383
11	0.723	1.475	96.858						
12	0.544	1.11	97.968						
13	0.524	1.069	99.037						
14	0.281	0.574	99.611						
15	0.191	0.389	100						
16	$1.02E-15$	$2.09E-15$	100						
17	$5.29E-16$	$1.08E-15$	100						
18	$4.18E-16$	$8.52E-16$	100						
19	$3.77E-16$	$7.70E-16$	100						
20	$3.11E-16$	$6.35E-16$	100						
21	$2.60E-16$	$5.31E-16$	100						

摘取方法：主成分分析。

注：部分结果略。

（2）获得因子载荷矩阵。为计算每个公因子的具体含义，我们采用方差极大正交旋转法处理因子载荷矩阵。

从附录3可以看出，指标体系全部变量经过数学处理后被压缩成10个相互独立的综合指标。由因子1至因子10，每个因子所包含的信息量依次递减。

第一个因子在宏观经济模块、基础设施模块以及创新能力模块上的系数大于各指标在其他因子上的系数，因此把公共因子 F_1 视为宏观经济模块、基础设施模块以及创新能力模块的影响因子，各模块的得分将由共同影响的公共因子根据各公因子方差贡献率为权重计算得到。由此类推，影响行政环境模块的因子为 F_3 和 F_7；宏观经济模块为 F_1 和 F_2；贸易环境模块为 F_{10}；金融环境模块为 F_6；投融资环境模块为 F_8；基础设施模块为 F_1 和 F_9；社会环境模块为 F_5；创新能力模块为 F_1 和 F_2。

根据各指标标准化数据以及因子载荷矩阵，计算得到主成分因子 F_1 到 F_{10}，具体赋值如表3—10所示。

表3—10 2016年中东欧国家营商环境指数主成分因子

	F_1	F_2	F_3	F_4	F_5	F_6	F_7	F_8	F_9	F_{10}
阿尔巴尼亚	-0.43	-1.51	0.65	-1.42	0.11	1.09	-1.16	1.88	0.79	0.78
波黑	-0.39	-1.06	0.48	-0.10	1.21	-0.22	1.53	-0.80	-2.26	0.42
保加利亚	-0.21	-0.55	-0.73	0.45	-0.31	-0.30	-0.85	-0.90	1.01	-0.96
克罗地亚	-0.35	0.05	0.87	-0.28	-0.89	-0.16	0.65	-1.24	0.72	0.34
捷克	0.95	1.17	0.38	-0.69	0.94	-0.19	0.44	1.14	0.10	-2.07
爱沙尼亚	-0.61	1.26	-0.15	0.35	-2.09	-0.41	1.13	0.85	0.46	0.07
匈牙利	0.45	0.07	-1.46	0.81	-0.02	3.02	1.04	0.21	-0.28	-0.23
拉脱维亚	-0.60	0.69	-0.93	-0.14	-0.31	-0.73	-1.26	1.25	-1.88	1.03
立陶宛	-0.51	0.35	-0.33	1.41	-0.43	-0.70	-0.03	0.27	-0.22	0.52
马其顿	-0.65	-1.38	1.06	1.43	0.47	-0.37	0.88	0.54	1.17	0.50
黑山	-0.61	-0.23	-2.02	-2.21	0.36	-0.73	0.74	-0.92	0.83	0.30
波兰	3.29	-0.09	0.34	-0.24	-0.53	-0.44	0.01	-0.29	0.09	1.46
罗马尼亚	0.55	-0.78	-1.17	1.41	0.83	-0.69	-1.43	-0.37	0.14	-0.82
塞尔维亚	-0.15	-0.76	1.18	-0.65	-1.72	0.48	-0.89	-0.92	-1.26	-1.65
斯洛伐克	-0.05	0.77	0.81	-0.18	1.22	-0.74	0.49	0.73	0.17	-0.76
斯洛文尼亚	-0.68	2.00	1.02	0.05	1.16	1.10	-1.28	-1.43	0.42	1.05

（3）计算综合得分。根据各公因子的方差贡献率（F_1 至 F_{10} 方差贡献率依次为 35.607%、21.091%、6.154%、5.847%、5.361%、4.966%、4.711%、4.648%、3.925%、3.072%）为权重计算综合得分，综合得分即本报告所求的中东欧营商环境指数。在此值得强调的是，综合得分根据公共因子以及公共因子方差贡献率所得，因此规定综合得分最小值为 0，最大值为 10 进行指数标准化处理。综合得分以及指数情况如表 3—11 所示。

表 3—11　　2016 年中东欧营商环境综合得分与指数

	综合得分	指数
阿尔巴尼亚	-0.369	0.805
波黑	-0.326	1.064
保加利亚	-0.314	1.141
克罗地亚	-0.122	2.304
捷克	0.623	6.834
爱沙尼亚	0.040	3.291
匈牙利	0.321	5.000
拉脱维亚	-0.228	1.659
立陶宛	-0.084	2.534
马其顿	-0.239	1.597
黑山	-0.501	0.000
波兰	1.144	10.000
罗马尼亚	-0.054	2.722
塞尔维亚	-0.431	0.426
斯洛伐克	0.254	4.594
斯洛文尼亚	0.286	4.786

（4）计算各模块得分。以各公因子的方差贡献率（F_1 至 F_{10} 方差贡献率依次为 35.607%、21.091%、6.154%、5.847%、5.361%、4.966%、4.711%、4.648%、3.925%、3.072%）为

权重，根据以上分析各公因子对模块的贡献情况，可计算出各模块的得分，最后将得分通过标准化处理转换为0—10之间的指数表达，具体指数数据如表3—12所示。

表3—12　　2016年中东欧营商环境各模块指数一览

	行政	宏观经济	贸易	金融	投融资	基础设施	社会	创新能力
阿尔巴尼亚	0.00	0.38	0.61	4.88	3.43	0.61	4.70	0.61
波黑	4.86	0.93	0.71	1.37	1.91	0.71	7.76	0.71
保加利亚	1.96	1.75	1.17	1.16	1.59	1.17	5.37	1.17
克罗地亚	7.03	2.17	0.82	1.55	0.55	0.82	3.64	0.82
捷克	8.64	5.41	4.10	1.46	7.76	4.10	9.16	4.10
爱沙尼亚	8.33	3.04	0.17	0.89	6.90	0.17	0.00	0.17
匈牙利	10.00	3.46	2.83	10.00	4.97	2.83	10.00	2.83
拉脱维亚	0.59	2.45	0.20	0.03	8.10	0.20	5.39	0.20
立陶宛	4.74	2.24	0.42	0.09	5.14	0.42	5.00	0.42
马其顿	7.81	0.18	0.07	0.99	5.96	0.07	6.66	0.07
黑山	6.33	1.47	0.18	0.03	1.52	0.18	6.25	0.18
波兰	7.34	7.79	10.00	0.79	10.00	10.00	9.99	10.00
罗马尼亚	0.93	2.71	3.09	0.13	3.18	3.09	8.84	3.09
塞尔维亚	1.82	1.63	1.33	3.24	1.54	1.33	1.10	1.33
斯洛伐克	6.50	3.41	1.59	0.00	6.54	1.59	9.84	1.59
斯洛文尼亚	0.53	3.72	0.00	4.90	0.00	0.00	7.41	0.00

4. 2016年中国—中东欧双边合作指数

（1）提取特征值和特征向量。由统计软件分析结果可知，前4个最大特征值分别为36.537、18.876、14.415、12.075。其累计贡献率已超过80%（81.903%），因此，在统计学上可以认为前4个因子已经基本上包含了评价指标体系所包含的全部信息，足以反映中国—中东欧双边合作水平。

表 3—13 特征值和特征向量贡献率

元件	起始特征值 总计	起始特征值 方差的%	起始特征值 累加%	摘取平方和载入 总计	摘取平方和载入 方差的%	摘取平方和载入 累加%	循环平方和载入 总计	循环平方和载入 方差的%	循环平方和载入 累加%
1	8.124	45.134	45.134	8.124	45.134	45.134	6.577	36.537	36.537
2	3.498	19.433	64.566	3.498	19.433	64.566	3.398	18.876	55.413
3	2.022	11.232	75.799	2.022	11.232	75.799	2.595	14.415	69.828
4	1.099	6.104	81.903	1.099	6.104	81.903	2.174	12.075	81.903
5	0.974	5.413	87.316						
6	0.652	3.623	90.939						
7	0.562	3.120	94.059						
8	0.355	1.970	96.029						
9	0.257	1.428	97.457						
10	0.195	1.085	98.542						

摘取方法：主成分分析。

注：部分结果略。

(2) 获得因子载荷矩阵。为计算每个公因子的具体含义，我们采用方差极大正交旋转法处理因子载荷矩阵。

从附录4可以看出，指标体系全部变量经过数学处理后被压缩成4个相互独立的综合指标。由因子1至因子4，每个因子所包含的信息量依次递减。

第一个因子 F_1 在贸易合作模块上的系数大于各指标在其他因子上的系数，包括中国对该国出口总值（0.872）、中国从该国进口总值（0.966）、中国出口产品占该国进口产品市场份额（0.913）、该国出口产品占中国进口产品市场份额（0.966），因此把公共因子 F_1 视为贸易合作模块的影响因子；第二个因子 F_2 在政治合作模块上的系数大于各指标在其他因子上的系数，包括伙伴关系（0.742）、高层关系（0.920）、外交访问（0.849）、联合声明（0.681），因此把公共因子 F_2 视为政治合作模块的影响因子;第三个因子 F_3 在投资合作模块以及人文交流模块上的系数大于各指标在其他因子上的系数,包括中国对中东欧国家OFDI流量(0.612)、中国对中东欧国家OFDI存量(0.847)、文化中心(0.853)、孔子学院数量(0.748)、智库数量(0.840),因此把公共因子 F_3 视为投资合作模块以及人文交流模块的影响因子;第四个因子 F_4 在金融合作模块上的系数大于各指标在其他因子上的系数,包括人民币离岸市场建设(0.896)、汇率(0.890),因此把公共因子 F_4 视为金融合作模块的影响因子。综上所述,影响政治合作模块的因子为 F_2;贸易合作模块为 F_1;金融合作模块为 F_4;投资合作模块为 F_3;人文交流模块为 F_3。

根据各指标标准化数据以及因子载荷矩阵,计算得到主成分因子 F_1 到 F_4,具体赋值如表3—14所示。

表3—14　2016年中国—中东欧国家双边合作指数主成分因子

	F_1	F_2	F_3	F_4
阿尔巴尼亚	-0.72	-0.60	-0.40	1.67
波黑	-0.72	0.38	-0.54	-0.83
保加利亚	-0.34	1.74	0.80	-0.62
克罗地亚	-0.47	0.45	-0.43	-0.51
捷克	2.08	0.38	-2.22	0.37
爱沙尼亚	-0.56	-0.80	-0.26	-0.56
匈牙利	1.27	-0.33	1.50	1.99
拉脱维亚	-0.86	-1.26	0.80	-0.51
立陶宛	-0.20	-0.79	-0.81	-0.39
马其顿	-0.44	1.69	-0.97	0.51
黑山	-0.70	-0.98	-0.21	-0.53
波兰	1.92	-0.14	1.27	-0.51
罗马尼亚	0.11	0.31	1.43	-0.96
塞尔维亚	-0.69	1.66	0.60	0.73
斯洛伐克	1.08	-0.69	-0.38	-1.30
斯洛文尼亚	-0.75	-1.02	-0.18	1.45

（3）计算综合得分。根据各公因子的方差贡献率（F_1至F_4方差贡献率依次为36.537%、18.876%、14.415%、12.075%）为权重计算综合得分，综合得分即本报告所求的中国—中东欧双边合作指数。在此值得强调的是，综合得分根据公共因子以及公共因子方差贡献率得出，因此规定综合得分最小值为0，最大值为10进行指数标准化处理。综合得分以及指数情况如表3—15所示。

表3—15　　2016年中国—中东欧双边合作综合得分与指数

	综合得分	指数
阿尔巴尼亚	-0.233	2.168
波黑	-0.367	1.204
保加利亚	0.242	5.580
克罗地亚	-0.210	2.337
捷克	0.554	7.826
爱沙尼亚	-0.460	0.539
匈牙利	0.857	10.000
拉脱维亚	-0.497	0.269
立陶宛	-0.388	1.058
马其顿	0.080	4.416
黑山	-0.535	0.000
波兰	0.799	9.586
罗马尼亚	0.191	5.214
塞尔维亚	0.234	5.523
斯洛伐克	0.053	4.225
斯洛文尼亚	-0.319	1.553

（4）计算各模块得分。以各公因子的方差贡献率（F_1至F_4方差贡献率依次为36.537%、18.876%、14.415%、12.075%）为权重，根据以上分析各公因子对模块的贡献情况，可计算出各

模块的得分,最后将得分通过标准化处理转换为 0—10 之间的指数表达,具体指数数据如表 3—16 所示。

表 3—16 2016 年中国—中东欧双边合作各模块指数一览

	政治合作	贸易合作	金融合作	投资合作	人文交流
阿尔巴尼亚	2.20	0.46	9.02	4.91	4.91
波黑	5.47	0.49	1.42	4.53	4.53
保加利亚	10.00	1.75	2.05	8.11	8.11
克罗地亚	5.68	1.33	2.40	4.82	4.82
捷克	5.46	10.00	5.06	0.00	0.00
爱沙尼亚	1.54	1.01	2.26	5.28	5.28
匈牙利	3.08	7.24	10.00	10.00	10.00
拉脱维亚	0.00	0.00	2.40	8.12	8.12
立陶宛	1.58	2.23	2.76	3.79	3.79
马其顿	9.83	1.43	5.49	3.36	3.36
黑山	0.93	0.54	2.35	5.40	5.40
波兰	3.74	9.48	2.39	9.39	9.39
罗马尼亚	5.23	3.31	1.04	9.81	9.81
塞尔维亚	9.73	0.56	6.15	7.59	7.59
斯洛伐克	1.90	6.60	0.00	4.96	4.96
斯洛文尼亚	0.79	0.36	8.34	5.49	5.49

四 中东欧营商环境及中国—中东欧双边合作模块分析

基于第三章实证模型对中东欧国家营商环境、中国—中东欧双边合作指数的计算结果,在此重点对这些结果进行归纳总结,类别分为两部分:

一方面,根据中东欧各国在各指标模块中的指数,进行各模块横向分析。重点分析中东欧各国在各指标模块中的得分以及排名情况,根据排名情况客观梳理各模块中的国别情况,以直观的方式展示中东欧营商环境以及中国—中东欧双边合作的现状。

另一方面,根据中东欧各国在各模块中的指数水平,进行各国别分析。具体分析中东欧各国在各模块中的得分以及排名,客观呈现中东欧各国的营商环境以及与中国合作的优势领域和不足之处,为"16+1合作"的持续顺利开展提供理论层面的依据。

在此值得强调的是本报告的指数评价依据,指数数值分布从0至10,"0"表示最差,"10"表示最好,指数数值越接近于10越优越。

(一) 中东欧国家营商环境模块分析

根据本报告第三章表3—12中的2016年中东欧国家各模块指数计算结果,进行中东欧国家营商环境模块分析。

1. 行政环境模块

根据本报告第五章中东欧各国在行政环境模块中的得分情况,对中东欧国家行政环境进行排名,具体排名如表4—1所示。

表4—1　　　　　　中东欧国家行政环境排名

国别	得分	排名	国别	得分	排名
匈牙利	10.00	1	波黑	4.86	9
捷克	8.64	2	立陶宛	4.74	10
爱沙尼亚	8.33	3	保加利亚	1.96	11
马其顿	7.81	4	塞尔维亚	1.82	12
波兰	7.34	5	罗马尼亚	0.93	13
克罗地亚	7.03	6	拉脱维亚	0.59	14
斯洛伐克	6.50	7	斯洛文尼亚	0.53	15
黑山	6.33	8	阿尔巴尼亚	0.00	16

如表4—1所示，2016年中东欧营商环境体系中，行政环境最好的是匈牙利，其次是捷克、爱沙尼亚、马其顿等国，斯洛文尼亚、阿尔巴尼亚排名垫底。

2. 宏观经济模块

根据本报告第五章中东欧各国在宏观经济环境模块中的得分情况，对中东欧国家宏观经济环境进行排名，具体排名如表4—2所示。

表4—2　　　　　　中东欧国家宏观经济环境排名

国别	得分	排名	国别	得分	排名
波兰	7.79	1	立陶宛	2.24	9
捷克	5.41	2	克罗地亚	2.17	10
斯洛文尼亚	3.72	3	保加利亚	1.75	11
匈牙利	3.46	4	塞尔维亚	1.63	12
斯洛伐克	3.41	5	黑山	1.47	13
爱沙尼亚	3.04	6	波黑	0.93	14
罗马尼亚	2.71	7	阿尔巴尼亚	0.38	15
拉脱维亚	2.45	8	马其顿	0.18	16

如表4—2所示，2016年中东欧营商环境体系中，宏观经济环境最好的是波兰，其次是捷克、斯洛文尼亚、匈牙利等国，阿尔巴尼亚、马其顿排名垫底。

3. 贸易环境模块

根据本报告第五章中东欧各国在贸易环境模块中的得分情况，对中东欧国家贸易环境进行排名，具体排名如表4—3所示。

表4—3　　　　　　　　中东欧国家贸易环境排名

国别	得分	排名	国别	得分	排名
波兰	10.00	1	波黑	0.71	9
捷克	4.10	2	阿尔巴尼亚	0.61	10
罗马尼亚	3.09	3	立陶宛	0.42	11
匈牙利	2.83	4	拉脱维亚	0.20	12
斯洛伐克	1.59	5	黑山	0.18	13
塞尔维亚	1.33	6	爱沙尼亚	0.17	14
保加利亚	1.17	7	马其顿	0.07	15
克罗地亚	0.82	8	斯洛文尼亚	0.00	16

如表4—3所示，2016年中东欧营商环境体系中，贸易环境最好的是波兰，其次是捷克、罗马尼亚、匈牙利等国，马其顿、斯洛文尼亚排名垫底。

4. 金融环境模块

根据本报告第五章中东欧各国在金融环境模块中的得分情况，对中东欧国家金融环境进行排名，具体排名如表4—4所示。

表4—4　　　　　　　　中东欧国家金融环境排名

国别	得分	排名	国别	得分	排名
匈牙利	10.00	1	马其顿	0.99	9
斯洛文尼亚	4.90	2	爱沙尼亚	0.89	10

续表

国别	得分	排名	国别	得分	排名
阿尔巴尼亚	4.88	3	波兰	0.79	11
塞尔维亚	3.24	4	罗马尼亚	0.13	12
克罗地亚	1.55	5	立陶宛	0.09	13
捷克	1.46	6	黑山	0.03	14
波黑	1.37	7	拉脱维亚	0.03	15
保加利亚	1.16	8	斯洛伐克	0.00	16

如表4—4所示，2016年中东欧营商环境体系中，金融环境最好的是匈牙利，其次是斯洛文尼亚、阿尔巴尼亚等国，拉脱维亚、斯洛伐克排名垫底。

5. 投融资环境模块

根据本报告第五章中东欧各国在投融资环境模块中的得分情况，对中东欧国家投融资环境进行排名，具体排名如表4—5所示。

表4—5 中东欧国家投融资环境排名

国别	得分	排名	国别	得分	排名
波兰	10.00	1	阿尔巴尼亚	3.43	9
拉脱维亚	8.10	2	罗马尼亚	3.18	10
捷克	7.76	3	波黑	1.91	11
爱沙尼亚	6.90	4	保加利亚	1.59	12
斯洛伐克	6.54	5	塞尔维亚	1.54	13
马其顿	5.96	6	黑山	1.52	14
立陶宛	5.14	7	克罗地亚	0.55	15
匈牙利	4.97	8	斯洛文尼亚	0.00	16

如表4—5所示，2016年中东欧营商环境体系中，投融资环境最好的是波兰，其次是拉脱维亚、捷克等国，克罗地亚、斯洛文尼亚排名垫底。

6. 基础设施模块

根据本报告第五章中东欧各国在基础设施模块中的得分情况,对中东欧国家基础设施进行排名,具体排名如表4—6所示。

表4—6　　　　　　　　中东欧国家基础设施排名

国别	得分	排名	国别	得分	排名
波兰	10.00	1	波黑	0.71	9
捷克	4.10	2	阿尔巴尼亚	0.61	10
罗马尼亚	3.09	3	立陶宛	0.42	11
匈牙利	2.83	4	拉脱维亚	0.20	12
斯洛伐克	1.59	5	黑山	0.18	13
塞尔维亚	1.33	6	爱沙尼亚	0.17	14
保加利亚	1.17	7	马其顿	0.07	15
克罗地亚	0.82	8	斯洛文尼亚	0.00	16

如表4—6所示,2016年中东欧营商环境体系中,基础设施最好的是波兰,其次是捷克、罗马尼亚、匈牙利等国,马其顿、斯洛文尼亚排名垫底。

7. 社会环境模块

根据本报告第五章中东欧各国在社会环境模块中的得分情况,对中东欧国家社会环境进行排名,具体排名如表4—7所示。

表4—7　　　　　　　　中东欧国家社会环境排名

国别	得分	排名	国别	得分	排名
匈牙利	10.00	1	黑山	6.25	9
波兰	9.99	2	拉脱维亚	5.39	10
斯洛伐克	9.84	3	保加利亚	5.37	11
捷克	9.16	4	立陶宛	5.00	12
罗马尼亚	8.84	5	阿尔巴尼亚	4.70	13

续表

国别	得分	排名	国别	得分	排名
波黑	7.76	6	克罗地亚	3.64	14
斯洛文尼亚	7.41	7	塞尔维亚	1.10	15
马其顿	6.66	8	爱沙尼亚	0.00	16

如表4—7所示,2016年中东欧营商环境体系中,社会环境最好的是匈牙利,其次是波兰、斯洛伐克、捷克等国,塞尔维亚、爱沙尼亚排名垫底。

8. 创新能力模块

根据本报告第五章中东欧各国在创新能力模块中的得分情况,对中东欧国家创新能力进行排名,具体排名如表4—8所示。

表4—8　　　　　　　中东欧国家创新能力排名

国别	得分	排名	国别	得分	排名
波兰	10.00	1	波黑	0.71	9
捷克	4.10	2	阿尔巴尼亚	0.61	10
罗马尼亚	3.09	3	立陶宛	0.42	11
匈牙利	2.83	4	拉脱维亚	0.20	12
斯洛伐克	1.59	5	黑山	0.18	13
塞尔维亚	1.33	6	爱沙尼亚	0.17	14
保加利亚	1.17	7	马其顿	0.07	15
克罗地亚	0.82	8	斯洛文尼亚	0.00	16

如表4—8所示,2016年中东欧营商环境体系中,创新能力最好的是波兰,其次是捷克、罗马尼亚、匈牙利等国,马其顿、斯洛文尼亚排名垫底。

(二)中国—中东欧国家双边合作模块分析

根据本报告第三章表3—16中的2016年中国—中东欧双边合

作各模块指数计算结果,进行中国—中东欧双边合作模块分析。

1. 政治合作模块

根据本报告第五章中国—中东欧各国双边合作在政治合作模块中的得分情况,对中国—中东欧政治合作进行排名,具体排名如表4—9所示。

表4—9　　　　　　　中国—中东欧政治合作排名

国别	得分	排名	国别	得分	排名
波兰	10.00	1	保加利亚	3.08	9
匈牙利	9.83	2	波黑	2.20	10
塞尔维亚	9.73	3	斯洛伐克	1.90	11
克罗地亚	5.68	4	立陶宛	1.58	12
阿尔巴尼亚	5.47	5	爱沙尼亚	1.54	13
捷克	5.46	6	黑山	0.93	14
罗马尼亚	5.23	7	斯洛文尼亚	0.79	15
马其顿	3.74	8	拉脱维亚	0.00	16

如表4—9所示,2016年中国—中东欧双边合作体系中,政治领域合作表现最好的是波兰,其次是匈牙利、塞尔维亚等国,斯洛文尼亚、拉脱维亚排名垫底。

2. 贸易合作模块

根据本报告第五章中国—中东欧各国双边合作在贸易合作模块中的得分情况,对中国—中东欧贸易合作进行排名,具体排名如表4—10所示。

表4—10　　　　　　中国—中东欧贸易合作排名

国别	得分	排名	国别	得分	排名
捷克	10.00	1	克罗地亚	1.33	9
波兰	9.48	2	爱沙尼亚	1.01	10

续表

国别	得分	排名	国别	得分	排名
匈牙利	7.24	3	塞尔维亚	0.56	11
斯洛伐克	6.60	4	黑山	0.54	12
罗马尼亚	3.31	5	波黑	0.49	13
立陶宛	2.23	6	阿尔巴尼亚	0.46	14
保加利亚	1.75	7	斯洛文尼亚	0.36	15
马其顿	1.43	8	拉脱维亚	0.00	16

如表4—10所示，2016年中国—中东欧双边合作体系中，贸易领域合作表现最好的是捷克，其次是波兰、匈牙利等国，斯洛文尼亚、拉脱维亚排名垫底。

3. 金融合作模块

根据本报告第五章中国—中东欧各国双边合作在金融合作模块中的得分情况，对中国—中东欧金融合作进行排名，具体排名如表4—11所示。

表4—11　　　　　中国—中东欧金融合作排名

国别	得分	排名	国别	得分	排名
匈牙利	10.00	1	拉脱维亚	2.40	9
阿尔巴尼亚	9.02	2	波兰	2.39	10
斯洛文尼亚	8.34	3	黑山	2.35	11
塞尔维亚	6.15	4	爱沙尼亚	2.26	12
马其顿	5.49	5	保加利亚	2.05	13
捷克	5.06	6	波黑	1.42	14
立陶宛	2.76	7	罗马尼亚	1.04	15
克罗地亚	2.40	8	斯洛伐克	0.00	16

如表4—11所示，2016年中国—中东欧双边合作体系中，金融领域合作表现最好的是匈牙利，其次是阿尔巴尼亚、斯洛文尼

亚、塞尔维亚等国，罗马尼亚、斯洛伐克排名垫底。

4. 投资合作模块

根据本报告第五章中国—中东欧各国双边合作在投资合作模块中的得分情况，对中国—中东欧投资合作进行排名，具体排名如表4—12所示。

表4—12　　　　　　中国—中东欧投资合作排名

国别	得分	排名	国别	得分	排名
匈牙利	10.00	1	爱沙尼亚	5.28	9
罗马尼亚	9.81	2	斯洛伐克	4.96	10
波兰	9.39	3	阿尔巴尼亚	4.91	11
拉脱维亚	8.12	4	克罗地亚	4.82	12
保加利亚	8.11	5	波黑	4.53	13
塞尔维亚	7.59	6	立陶宛	3.79	14
捷克	5.49	7	马其顿	3.36	15
斯洛文尼亚	5.40	8	黑山	0.00	16

如表4—12所示，2016年中国—中东欧双边合作体系中，投资合作表现最好的是匈牙利，其次是罗马尼亚、波兰、拉脱维亚等国，马其顿、黑山排名垫底。

5. 人文交流模块

根据本报告第五章中国—中东欧各国双边合作在人文交流模块中的得分情况，对中国—中东欧人文交流进行排名，具体排名如表4—13所示。

表4—13　　　　　　中国—中东欧人文交流排名

国别	得分	排名	国别	得分	排名
匈牙利	10.00	1	爱沙尼亚	5.28	9
罗马尼亚	9.81	2	斯洛伐克	4.96	10

续表

国别	得分	排名	国别	得分	排名
波兰	9.39	3	阿尔巴尼亚	4.91	11
拉脱维亚	8.12	4	克罗地亚	4.82	12
保加利亚	8.11	5	波黑	4.53	13
塞尔维亚	7.59	6	立陶宛	3.79	14
捷克	5.49	7	马其顿	3.36	15
斯洛文尼亚	5.40	8	黑山	0.00	16

如表4—13所示，2016年中国—中东欧双边合作体系中，人文交流领域表现最好的是匈牙利，其次是罗马尼亚、波兰、拉脱维亚等国，马其顿、黑山排名垫底。

五 中东欧营商环境及中国—中东欧双边合作国别分析

根据中东欧各国在各营商环境模块以及双边合作模块中的指数水平进行国别分析。具体分析中东欧各国在各模块中的得分以及排名,客观呈现中东欧地区各国的营商环境以及与中国合作的优势领域和不足之处,为"16+1合作"的持续顺利开展提供理论层面的依据。

在此值得强调的是本报告的指数评价依据,指数数值分布从0至10,"0"表示最差,"10"表示最好,指数数值越接近于10越优越。

(一) 阿尔巴尼亚

如图5—1所示,2016年阿尔巴尼亚营商环境较好的模块集中于金融环境(4.88)、社会环境(4.70)以及投融资环境(3.43)。其余模块指数都小于1,表明阿尔巴尼亚在行政环境、宏观经济环境、贸易环境、基础设施以及创新能力方面均有待大力改善。

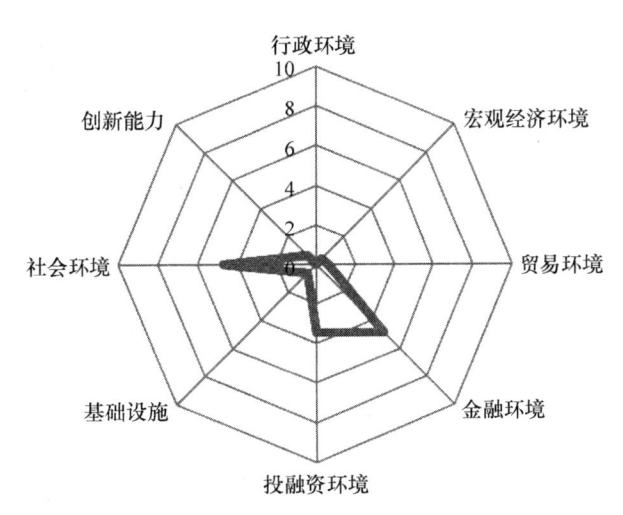

图5—1 阿尔巴尼亚营商环境雷达图

如图5—2所示，2016年中国与阿尔巴尼亚双边合作集中于金融（9.02）、政治（5.47）、投资（4.91）以及人文交流（4.91）领域，在贸易领域（0.46）开展合作有提升空间。

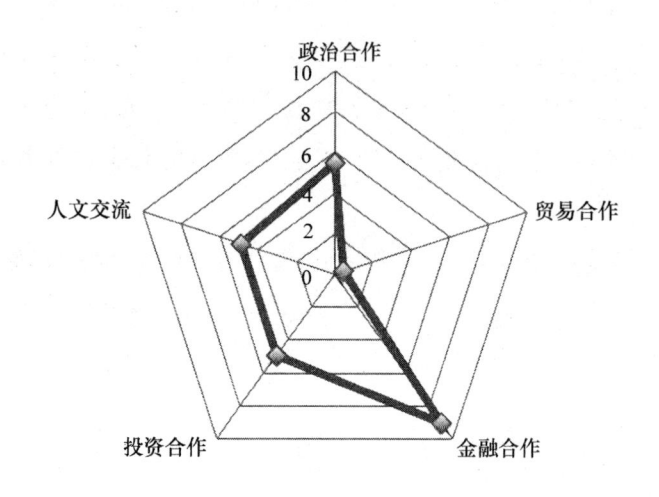

图5—2 中国与阿尔巴尼亚双边合作雷达图

（二）波黑

如图5—3所示，2016年波黑营商环境较好的模块集中于社会环境（7.76）、行政环境（4.86）。而波黑的投融资环境（1.91）、金融环境（1.37）指数小于2，其余模块指数都不高于1，这表明波黑在投融资环境和金融环境方面均需改善，宏观经济环境、贸易环境、基础设施以及创新能力方面有待大力加强。

如图5—4所示，2016年中国与波黑双边合作集中于投资（4.53）、人文交流（4.53）领域，双方在政治（2.20）、金融（1.42）领域也有一定程度的合作，在贸易领域（0.49）开展的合作还有可以进一步挖掘的空间。

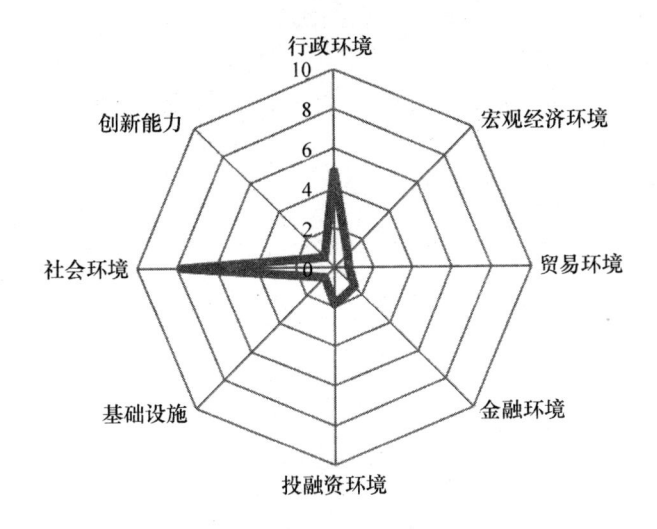

图 5—3　波黑营商环境雷达图

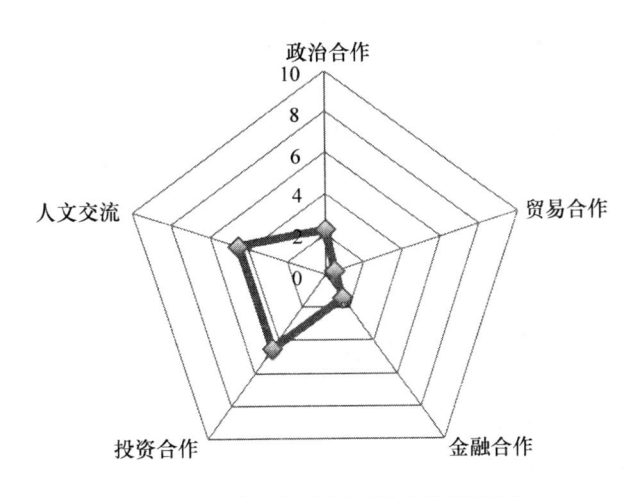

图 5—4　中国与波黑双边合作雷达图

(三) 保加利亚

如图 5—5 所示，2016 年保加利亚营商环境较好的模块集中于社会环境 (5.37)。其余模块指数均处于 1 和 2 之间，均有待改善。

如图 5—6 所示，2016 年中国与保加利亚双边合作在投资

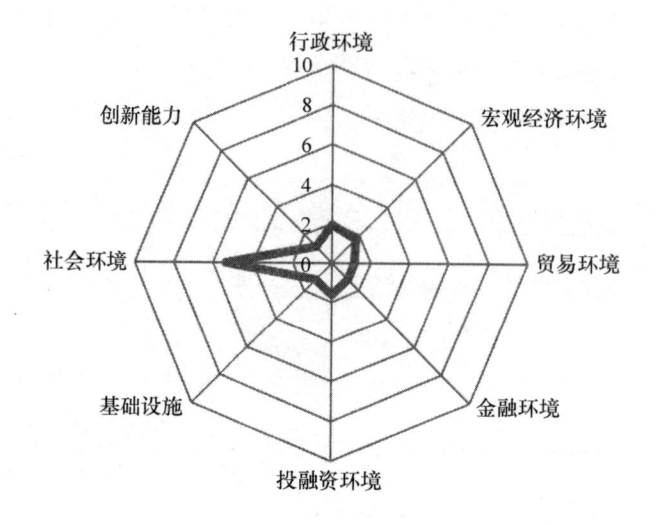

图 5—5　保加利亚营商环境雷达图

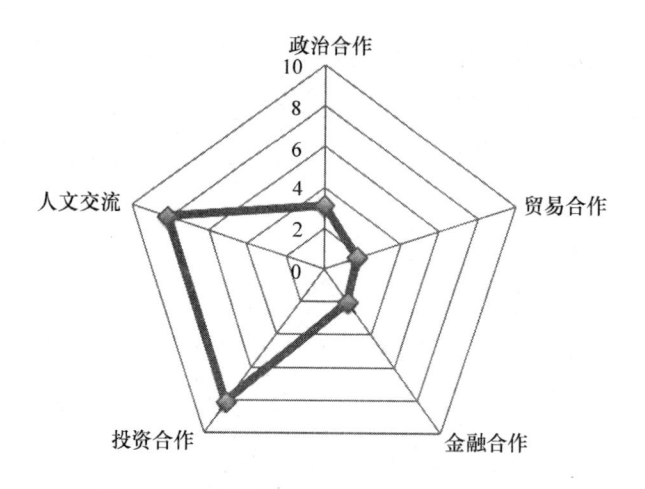

图 5—6　中国与保加利亚双边合作雷达图

(8.11)、人文交流(8.11)领域表现突出，在政治(3.08)、金融(2.05)领域有一定程度的合作，在贸易领域(1.75)开展合作的空间有待拓展。

(四) 克罗地亚

如图 5—7 所示，2016 年克罗地亚营商环境较好的模块集中于行政环境（7.03），在社会环境（3.64）、宏观经济环境（2.17）和金融环境（1.55）方面有一定表现，其余模块指数都小于1，这表明克罗地亚在贸易环境、投融资环境、基础设施以及创新能力方面均存在提升空间。

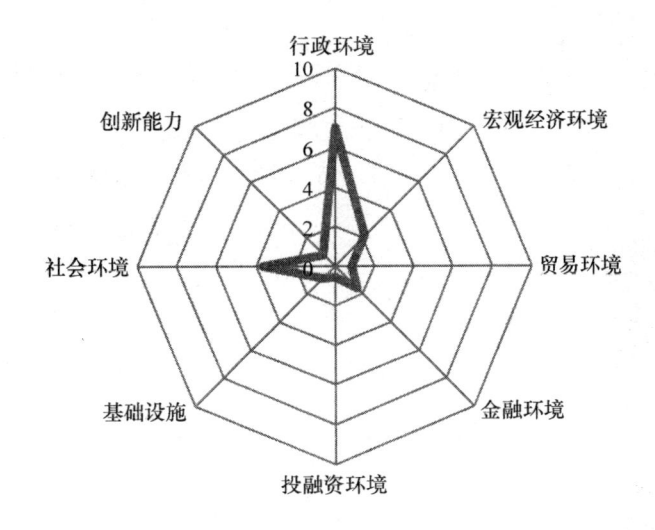

图 5—7 克罗地亚营商环境雷达图

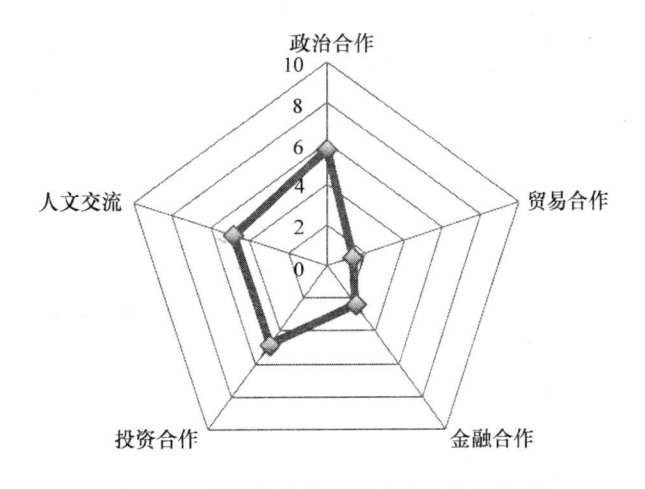

图 5—8 中国与克罗地亚双边合作雷达图

如图 5—8 所示，2016 年中国与克罗地亚双边合作在政治（5.68）、投资（4.82）与人文交流（4.82）领域表现突出，在金融（2.40）与贸易（1.33）领域开展合作的空间有待拓展。

（五）捷克

如图 5—9 所示，2016 年捷克营商环境整体强于中东欧大多数国家，社会环境（9.16）和行政环境（8.64）表现突出，较好的模块集中于宏观经济环境（5.41）、贸易环境（4.10）以及基础设施（4.10），金融环境（1.46）相对于整体营商环境有待加强。

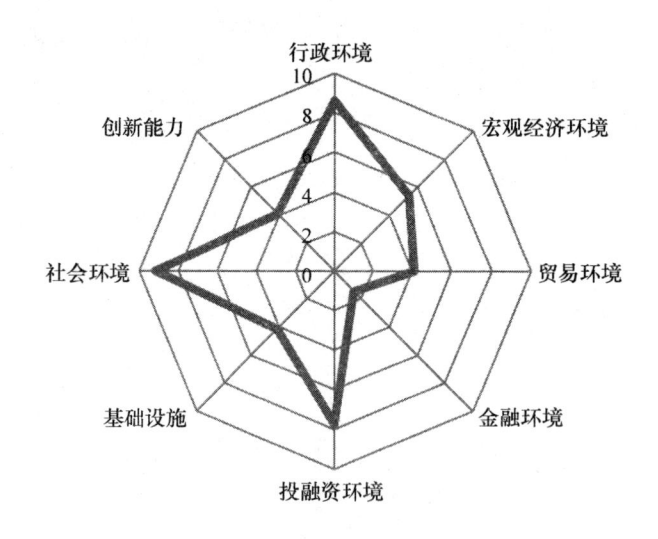

图 5—9 捷克营商环境雷达图

如图 5—10 所示，2016 年中国与捷克双边合作主要集中于贸易（10.00）领域，此外在投资（5.49）、人文交流（5.49）、政治（5.46）、金融（5.06）领域均有积极表现。

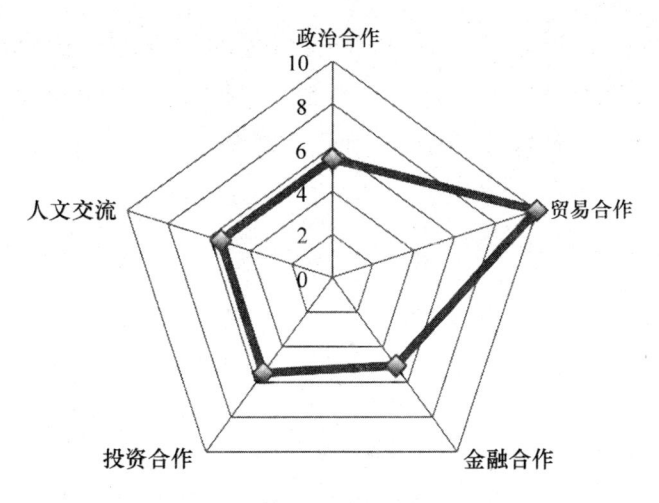

图 5—10　中国与捷克双边合作雷达图

（六）爱沙尼亚

如图 5—11 所示，2016 年爱沙尼亚的营商环境在行政环境（8.33）与投融资环境（6.90）方面表现突出。宏观经济环境指数为 3.04，其余模块指数都小于 1，表明爱沙尼亚在贸易环境、金融环境、基础设施、社会环境以及创新能力方面表现均不理想。

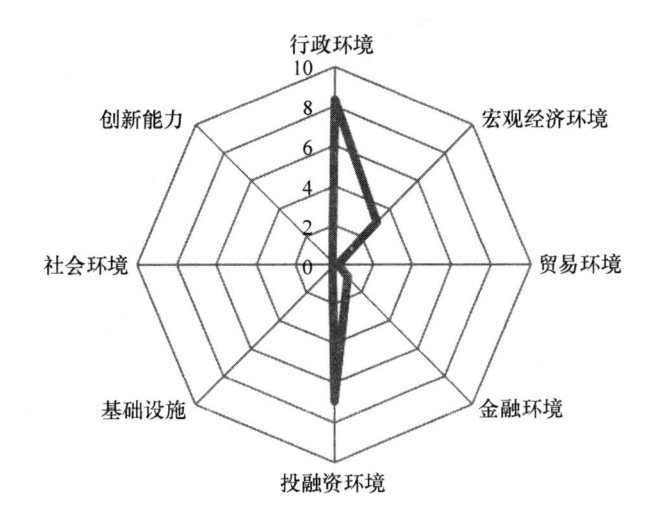

图 5—11　爱沙尼亚营商环境雷达图

如图 5—12 所示，2016 年中国与爱沙尼亚双边合作主要集中于投资（5.28）与人文交流（5.28）领域，而在金融（2.26）、政治（1.54）、贸易（1.01）领域均需拓展合作空间。

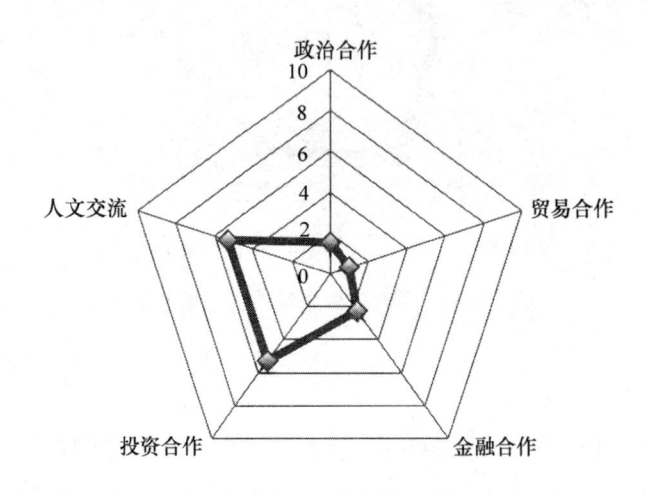

图 5—12　中国与爱沙尼亚双边合作雷达图

（七）匈牙利

如图 5—13 所示，2016 年匈牙利营商环境整体强于中东欧大多数国家，表现最好的模块集中于行政环境（10.00）、金融环境（10.00）以及社会环境（10.00）。其在投融资环境（4.97）和宏观经济环境（3.46）方面表现尚可，创新能力（2.93）、贸易环境（2.83）和基础设施（2.83）方面相对于整体营商环境而言有待改善。

如图 5—14 所示，2016 年中国与匈牙利双边关系非常密切，在金融（10.00）、投资（10.00）、人文交流（10.00）领域均达到最高水平，政治（9.83）合作程度也非常高，贸易（7.24）领域合作表现不俗，因此，匈牙利在中国—中东欧国家合作综合指数排名中位列第一。

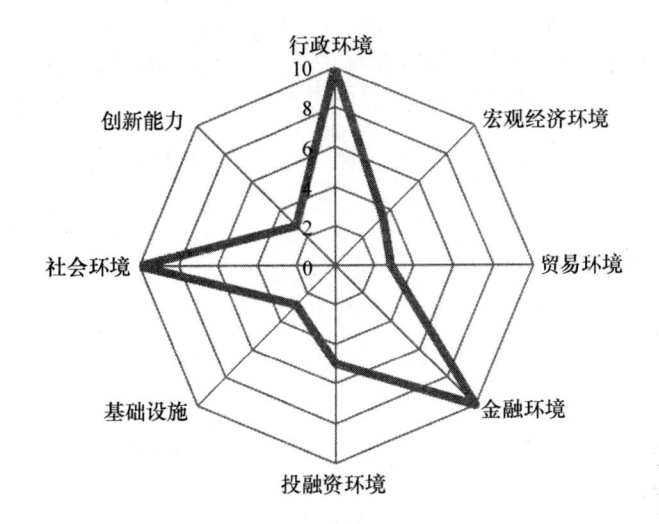

图 5—13 匈牙利营商环境雷达图

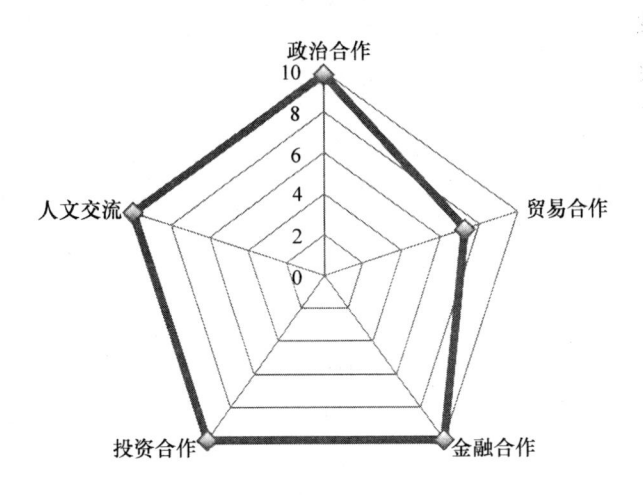

图 5—14 中国与匈牙利双边合作雷达图

（八）拉脱维亚

如图 5—15 所示，2016 年拉脱维亚的营商环境在投融资环境（8.10）与社会环境（5.39）方面表现突出，宏观经济环境（2.45）表现相对较好。其余模块指数都小于 1，表明拉脱维亚的行政环境、贸易环境、金融环境、基础设施以及创新能力均有待改善。

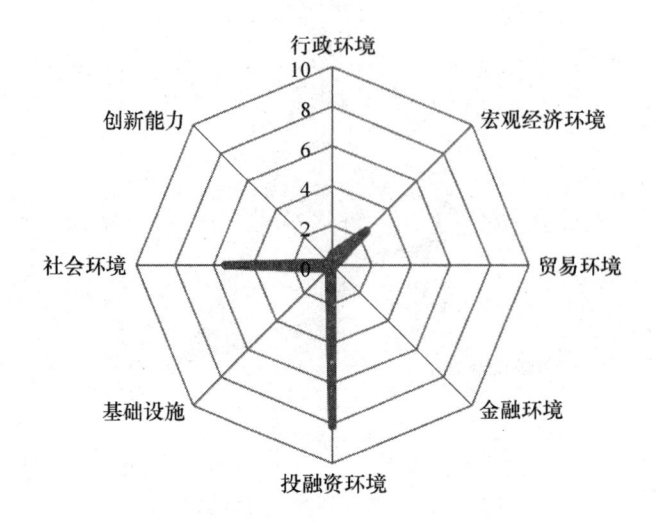

图 5—15 拉脱维亚营商环境雷达图

如图 5—16 所示,2016 年中国与拉脱维亚双边合作主要集中于投资（8.12）与人文交流（8.12）领域,此外,金融（2.40）领域表现较好,但政治（0.00）、贸易（0.00）领域方面的合作均存在提升空间。

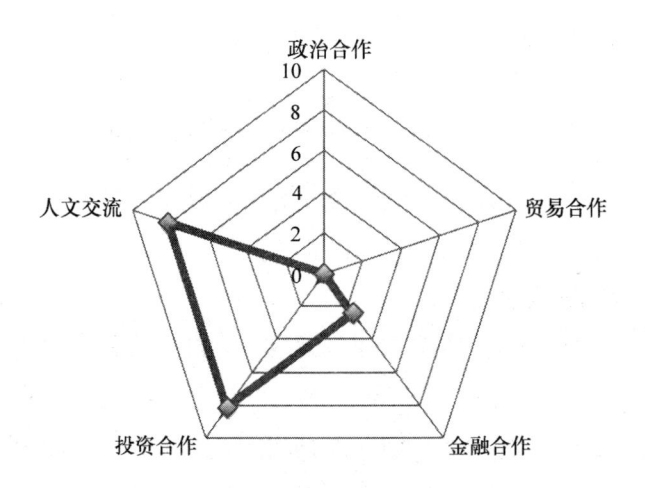

图 5—16 中国与拉脱维亚双边合作雷达图

（九）立陶宛

如图5—17所示，2016年立陶宛的营商环境在投融资环境（5.14）、社会环境（5.00）与行政环境（4.74）方面表现较好。宏观经济环境指数为2.24，其余模块指数都小于1，这表明立陶宛在贸易环境、金融环境、基础设施以及创新能力方面均存在提升空间。

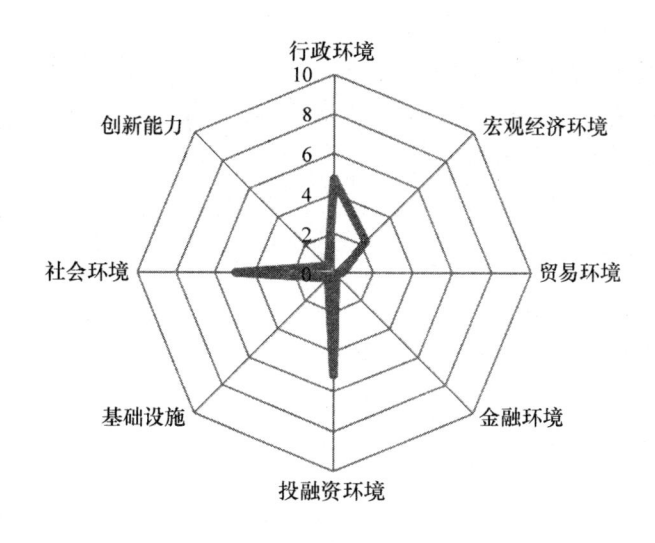

图5—17 立陶宛营商环境雷达图

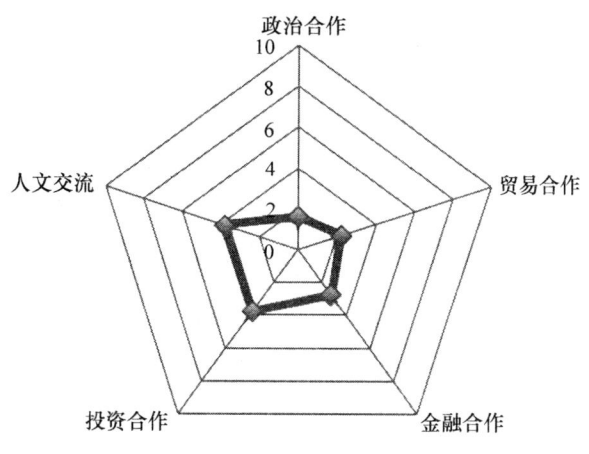

图5—18 中国与立陶宛双边合作雷达图

如图5—18所示，2016年中国与立陶宛双边合作分布较为广泛，在投资（3.79）、人文交流（3.79）、金融（2.76）、贸易（2.23）以及政治（1.58）领域均有合作，但得分数值均不高，提升空间较大。

（十）马其顿

如图5—19所示，2016年马其顿的营商环境在行政环境（7.81）、社会环境（6.66）、投融资环境（5.96）方面表现突出。其余模块指数都小于1，表明马其顿在宏观经济环境、贸易环境、金融环境、基础设施以及创新能力方面均有待加强。

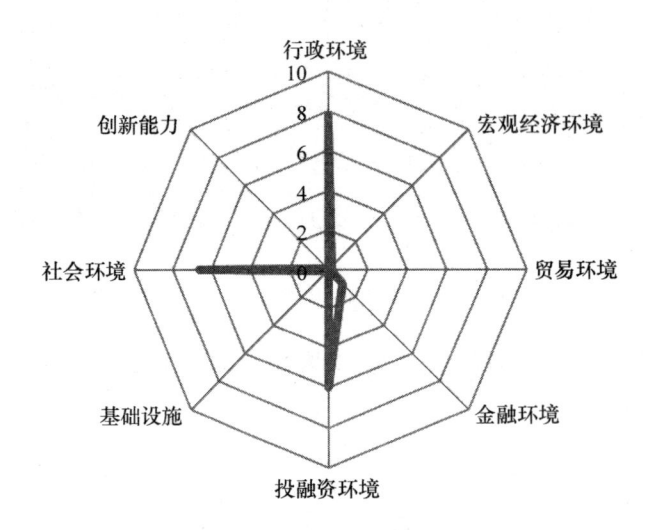

图5—19 马其顿营商环境雷达图

如图5—20所示，2016年中国与马其顿双边合作分布较为广泛，在金融合作（5.49）领域表现较为突出，在政治合作（3.74）、投资合作（3.36）以及人文交流（3.36）领域也均有较好表现。贸易合作（1.43）领域存在进一步提升的空间。

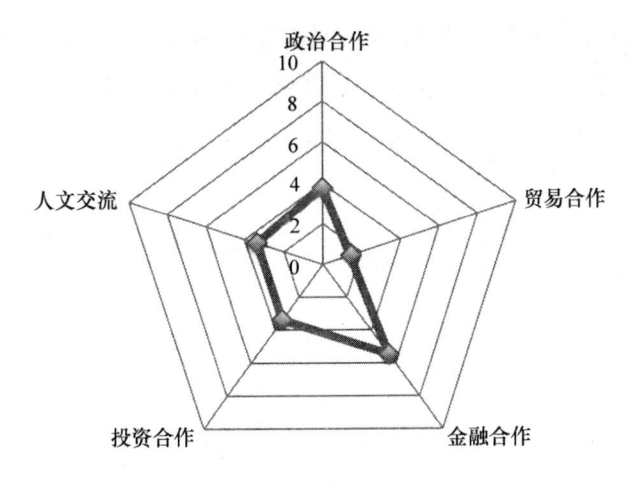

图 5—20　中国与马其顿双边合作雷达图

（十一）黑山

如图 5—21 所示，2016 年黑山的营商环境在行政环境（6.33）、社会环境（6.25）方面表现相对突出。投融资环境和宏观经济环境表现较弱，分别为 1.52 和 1.47，其余模块指数都小于 1，这表明黑山在贸易环境、金融环境、基础设施以及创新能力方面均有待加强。

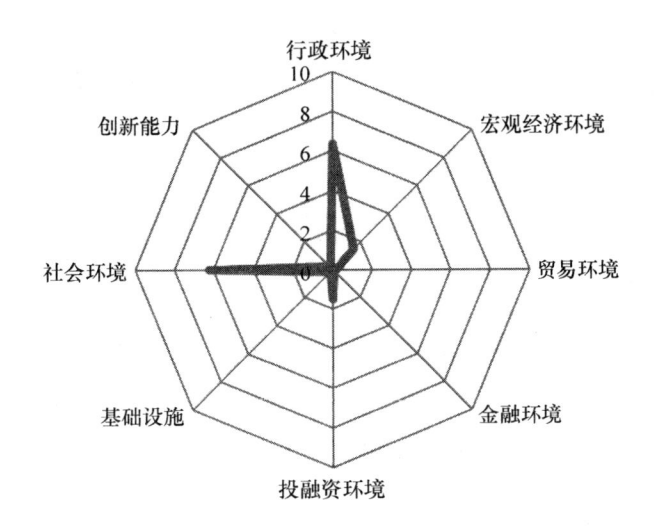

图 5—21　黑山营商环境雷达图

如图 5—22 所示，2016 年中国与黑山双边合作程度较低，除金融合作（2.35）领域略有基础外，其他领域合作指数均小于 1，表明两国在政治（0.93）、贸易（0.54）、投资以及人文交流（0.00）领域合作水平低。

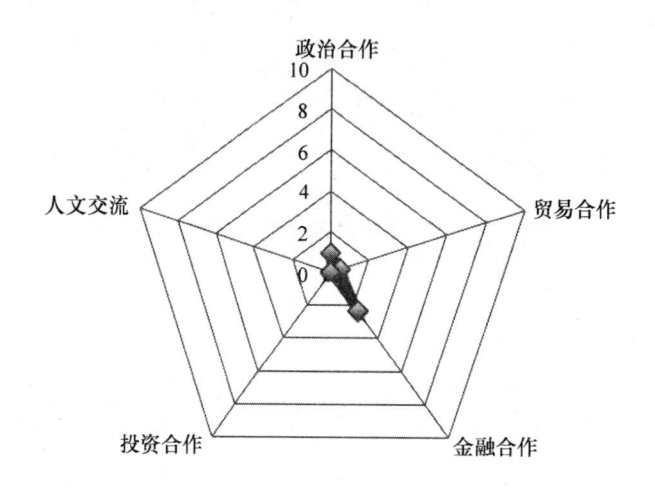

图 5—22 中国与黑山双边合作雷达图

（十二）波兰

如图 5—23 所示，2016 年波兰营商环境整体强于中东欧大多数国家，表现最好的模块集中于贸易环境（10.00）、投融资环境（10.00）、基础设施（10.00）以及创新能力（10.00）。其社会环境（9.99）、宏观经济环境（7.79）、行政环境（7.34）与中东欧整体营商环境相比也显得较为优越。然而，波兰的金融环境（0.79）有待加强。

如图 5—24 所示，2016 年中国与波兰双边合作非常密切，在政治（10.00）、贸易（9.48）、投资以及人文交流（9.39）领域合作水平均非常高。然而，中波两国在金融（2.39）领域合作水平较低，这一事实也与波兰整体金融环境水平相对较低有关。

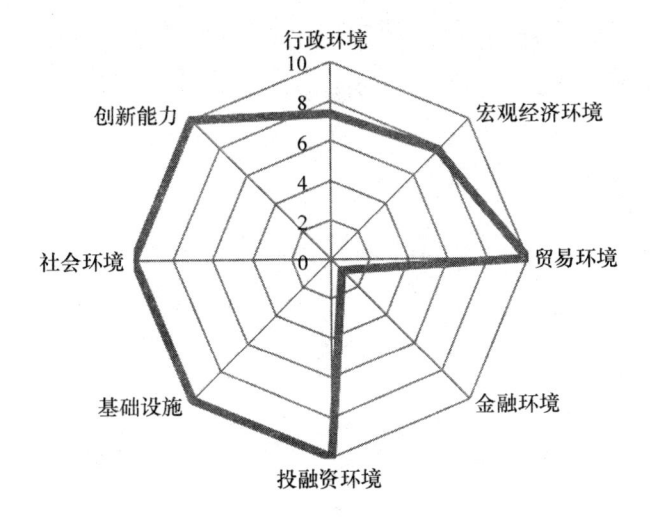

图 5—23 波兰营商环境雷达图

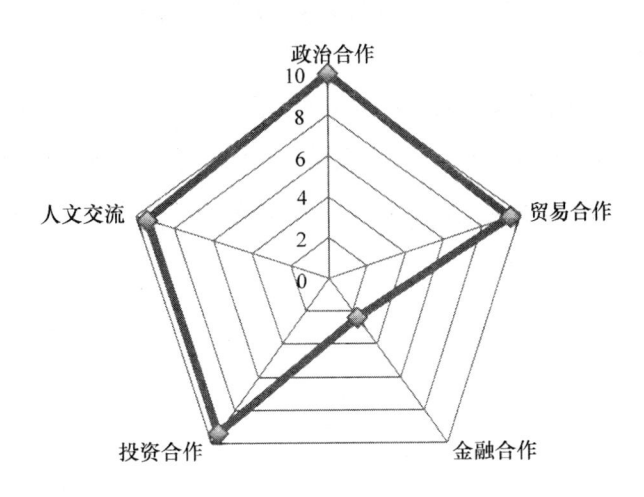

图 5—24 中国与波兰双边合作雷达图

（十三）罗马尼亚

如图 5—25 所示，2016 年罗马尼亚营商环境在社会环境（8.84）方面表现突出。此外，在投融资环境（3.18）、贸易环境（3.09）、基础设施（3.09）、创新能力（3.09）和宏观经济环境（2.71）方面表现尚可。其余模块指数都小于1，这表明罗马尼亚在行政环境和金融环境方面均有待改善。

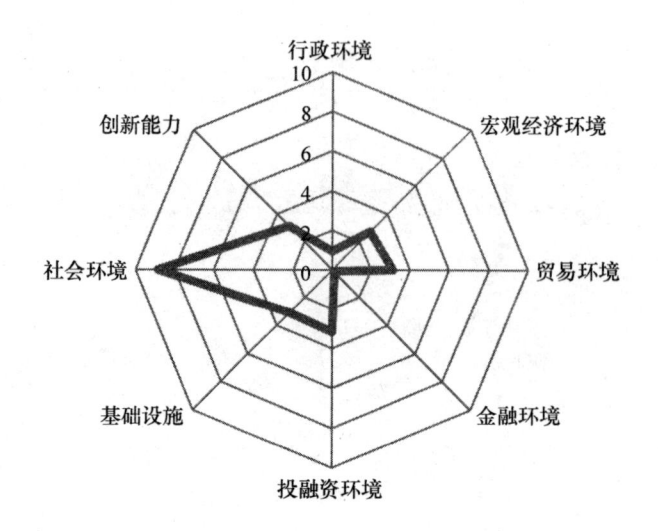

图5—25 罗马尼亚营商环境雷达图

如图5—26所示，2016年中国与罗马尼亚双边合作分布较为广泛，在投资合作（9.81）以及人文交流（9.81）领域表现突出，此外在政治合作（5.23）、贸易合作（3.31）领域均有较好表现。金融合作（1.04）领域存在进一步提升的空间。

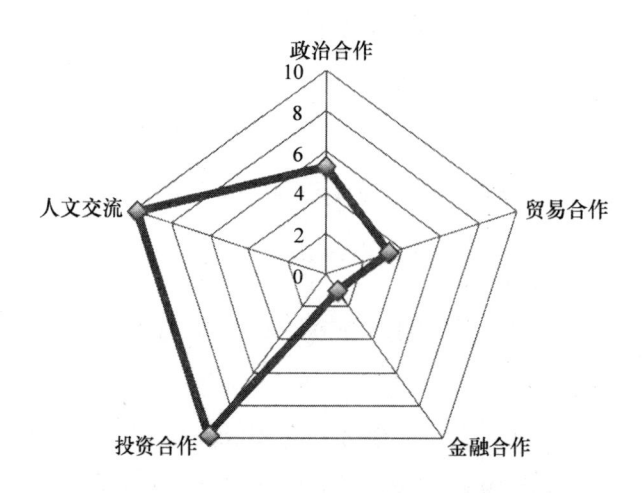

图5—26 中国与罗马尼亚双边合作雷达图

(十四) 塞尔维亚

如图 5—27 所示,2016 年塞尔维亚营商环境在金融环境(3.24)方面表现尚可。其他营商环境模块指数均分布在 1 至 2 的区间内,表明塞尔维亚营商环境整体水平偏低,需要加强风险意识。

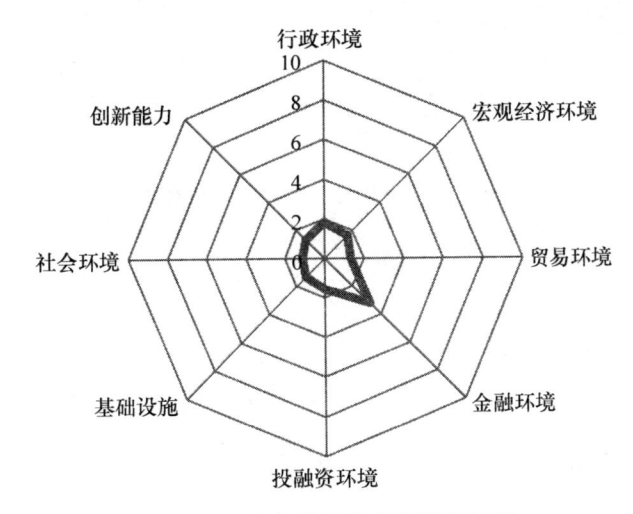

图 5—27 塞尔维亚营商环境雷达图

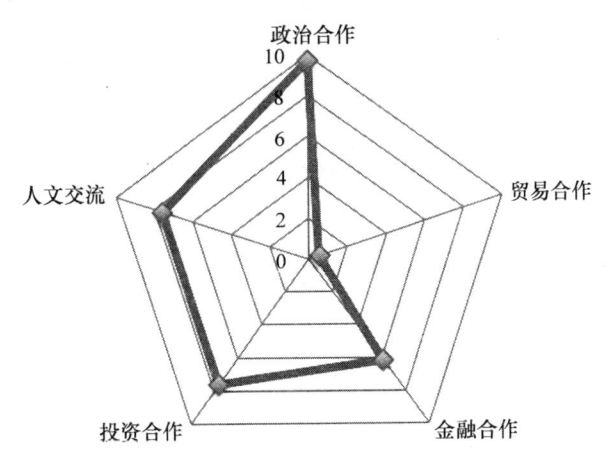

图 5—28 中国与塞尔维亚双边合作雷达图

如图 5—28 所示,2016 年中国与塞尔维亚在政治(9.81)领域合作水平非常高,在投资(7.59)、人文交流(7.59)、金融(6.15)领域的合作表现也比较突出,在贸易领域(0.56)的合作存在进一步提升的空间。

(十五)斯洛伐克

如图 5—29 所示,2016 年斯洛伐克营商环境在社会环境(9.84)、投融资环境(6.54)和行政环境(6.50)方面表现突出。此外,在宏观经济环境(3.41)方面也有较好表现。其余模块指数均较低,尤其是在金融环境(0.00)领域。

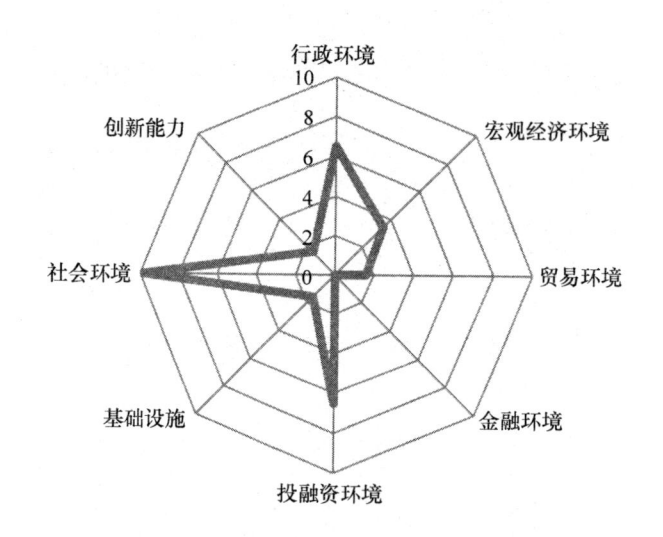

图 5—29 斯洛伐克营商环境雷达图

如图 5—30 所示,2016 年中国与斯洛伐克双边合作水平较高,在贸易(6.60)、投资以及人文交流(4.96)领域表现比较突出,在政治合作(1.90)领域存在进一步提升的空间。此外,中斯两国的金融合作(0.00)程度低,可能与其金融环境呈正相关。

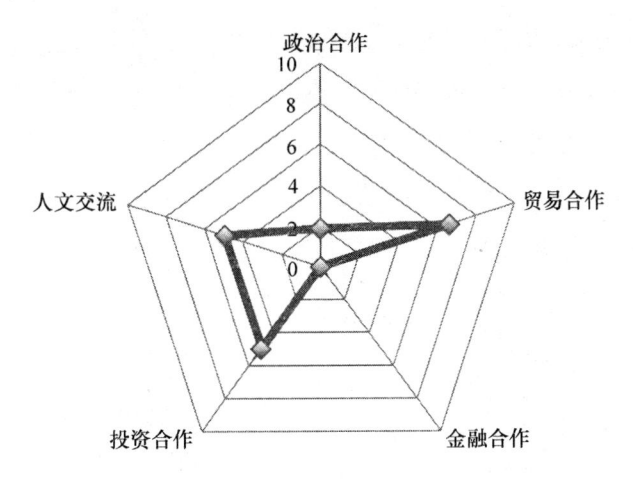

图 5—30 中国与斯洛伐克双边合作雷达图

（十六）斯洛文尼亚

如图 5—31 所示，2016 年斯洛文尼亚营商环境在社会环境（7.41）方面表现相对突出。金融环境（4.90）与宏观经济环境（3.72）表现尚可。其余模块指数均较低，尤其是贸易环境（0.00）、投融资环境（0.00）、基础设施以及创新能力（0.00）领域。

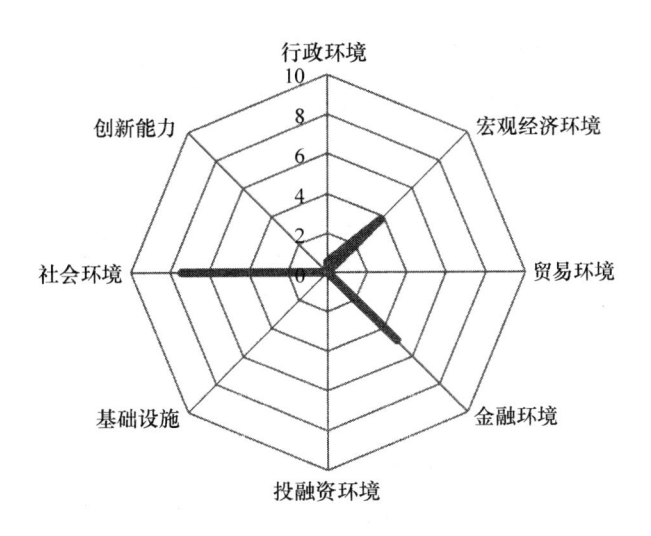

图 5—31 斯洛文尼亚营商环境雷达图

如图 5—32 所示，2016 年中国与斯洛文尼亚双边合作在金融（8.34）领域表现比较突出，在投资（5.40）以及人文交流（5.40）领域也有密切合作。然而，在政治（0.79）与贸易（0.36）领域合作程度低，存在进一步提升的空间。

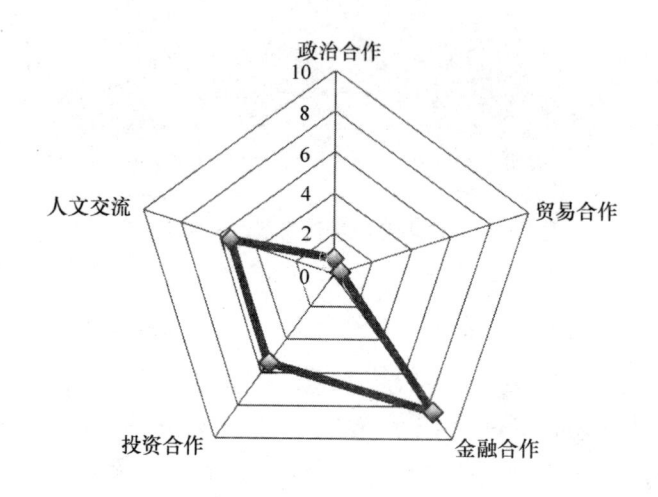

图 5—32　中国与斯洛文尼亚双边合作雷达图

（十七）本章小结

在比较中东欧各国营商环境与中国—中东欧双边合作各模块优劣势的基础上，就中国—中东欧双边合作相对于中东欧国家营商环境背景的合理性以及可行性得出以下结论：

首先，如图 5—33 所示，整体上看，中东欧国家营商环境中社会环境比较突出，行政环境和投融资环境比较有利，宏观经济环境、金融环境、贸易环境、基础设施以及创新能力等有待加强，当然各国之间的差异也极大。基于这一特点，"16+1 合作"的科学路径应确定为以政治合作为基础，以基础设施和创新能力为突破口，一方面立足于中东欧较好的投融资环境，稳抓双边投资合作；另一方面，针对中东欧整体不理想的贸易和金融环境，找准重点国家进行贸易和金融合作。

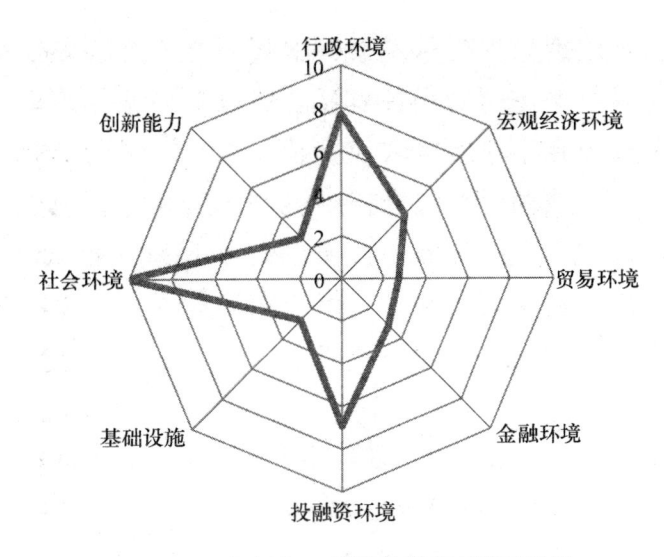

图 5—33　中东欧 16 国整体营商环境雷达图

其次，如图 5—34 所示，中国—中东欧双边合作整体表现出投资合作、人文交流最密切，政治、金融合作次之，贸易合作存在提升空间的特点。其领域分布基本符合中东欧营商环境整体水平。在稳固政治、投资、人文交流合作的基础上，拓展贸易、金融领域的合作是眼下推动"16+1"进行更深层次务实合作的切入点。

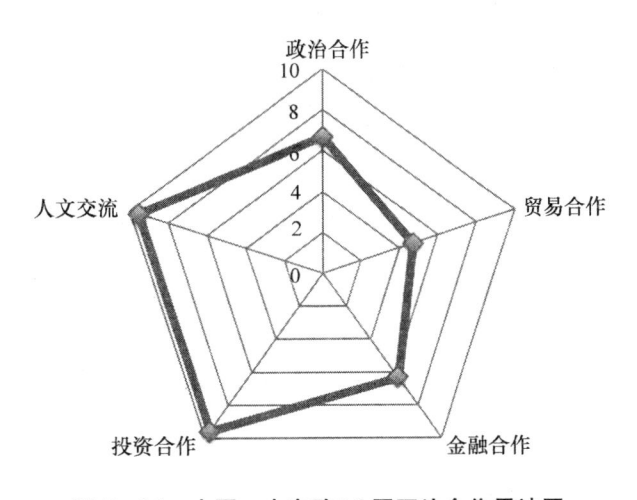

图 5—34　中国—中东欧 16 国双边合作雷达图

最后，从国别分析视角观察，中国—中东欧各国在细分领域的合作基本符合该国营商环境现状。以波兰与塞尔维亚为例，波兰整体营商环境在中东欧地区处于领先水平，然而其金融环境相对落后，这在中波两国双边合作中得到了反映，相对于其他领域而言，中波两国在金融领域的合作也较弱。塞尔维亚整体营商环境在中东欧地区处于落后水平，但金融环境尚可，中塞两国双边合作在金融领域的表现也较为密切。

六　中东欧营商环境及中国—中东欧双边合作坐标图分析

本章将立足于更高层次视角，基于中东欧各国营商环境指数以及中国—中东欧各国双边合作指数计算结果，建立坐标体系，来直观地定位中国—中东欧国家在经贸合作中的地位。坐标体系的横轴是中东欧国家的营商环境，竖轴是中国—中东欧国家的双边合作水平。坐标体系的建立，不仅能直观地监测各国营商环境以及与中国的双边合作水平，而且能够分析营商环境与双边合作的动态关系，一方面为营商环境尚可、双边合作有待改善的合作国家提供合作建议，另一方面为双边合作尚可、营商环境不佳的合作提供风险预警。

（一）基于坐标轴区位分布分析

根据表3—11中2016年中东欧各国营商环境指数计算结果，将各国营商环境指数置于横轴，根据表3—15中2016年中国—中东欧各国双边合作指数计算结果，将中国—中东欧各国双边合作指数置于竖轴，描绘坐标图6—1。

如图6—1所示，2016年，波兰、匈牙利、捷克三国位于图的右上区域，斯洛伐克和斯洛文尼亚位于中间区域，其他国家基本位于图的左下区域。值得注意的是，右上区域表明该国营商环境以及中国与该国双边合作水平较高，左下区域表明该国营商环境以及中国与该国双边合作水平较逊色。

（二）基于跨时间的分布动态分析

根据表3—7中2011年中东欧各国营商环境指数计算结果，将各国营商环境指数置于横轴，根据表3—8中2011年中国—中东欧各国双边合作指数计算结果，将中国—中东欧各国双边合作指数置于竖轴，综合坐标图6—1之后，描绘坐标图6—2。

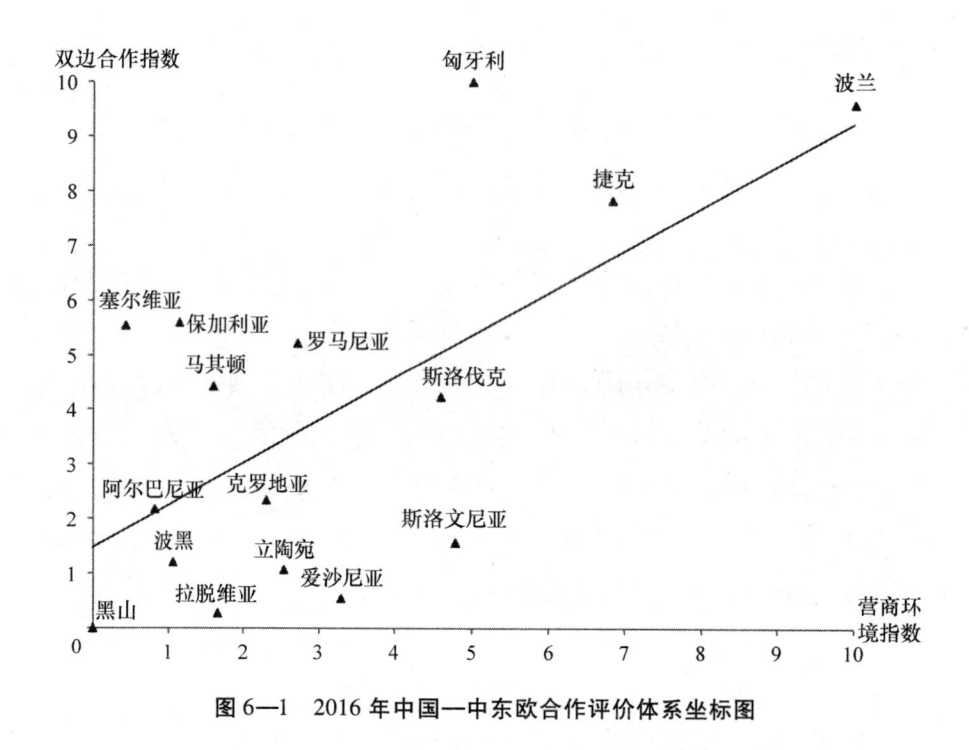

图6—1 2016年中国—中东欧合作评价体系坐标图

如图6—2所示，2011年中东欧各国在坐标图中的区域分布基本与2016年相同，区别在于2011年坐标图显示出左下方国家集合更为集中、右上方国家集合更为分散的特点。出现这种特点的原因主要有以下两个方面：

一方面，中东欧整体营商环境并未发生明显变化，如表6—1所示，2011年和2016年中东欧营商环境指数总和分别为48.54和48.75。值得注意的是，部分国家的变化较大，例如马其顿、克罗地亚、波黑营商环境改善较快，拉脱维亚、立陶宛、阿尔巴尼亚也有所改善，而斯洛文尼亚、罗马尼亚、捷克、塞尔维亚营商环境有一定程度的退步。相对于2011年营商环境水平，2016年营商环境水平改善的国家有阿尔巴尼亚、波黑、克罗地亚、爱沙尼亚、拉脱维亚、立陶宛、马其顿7国，出现退步的有保加利亚、捷克、匈牙利、罗马尼亚、塞尔维亚、斯洛伐克、斯洛文尼亚7国，黑山、波兰保持不变。

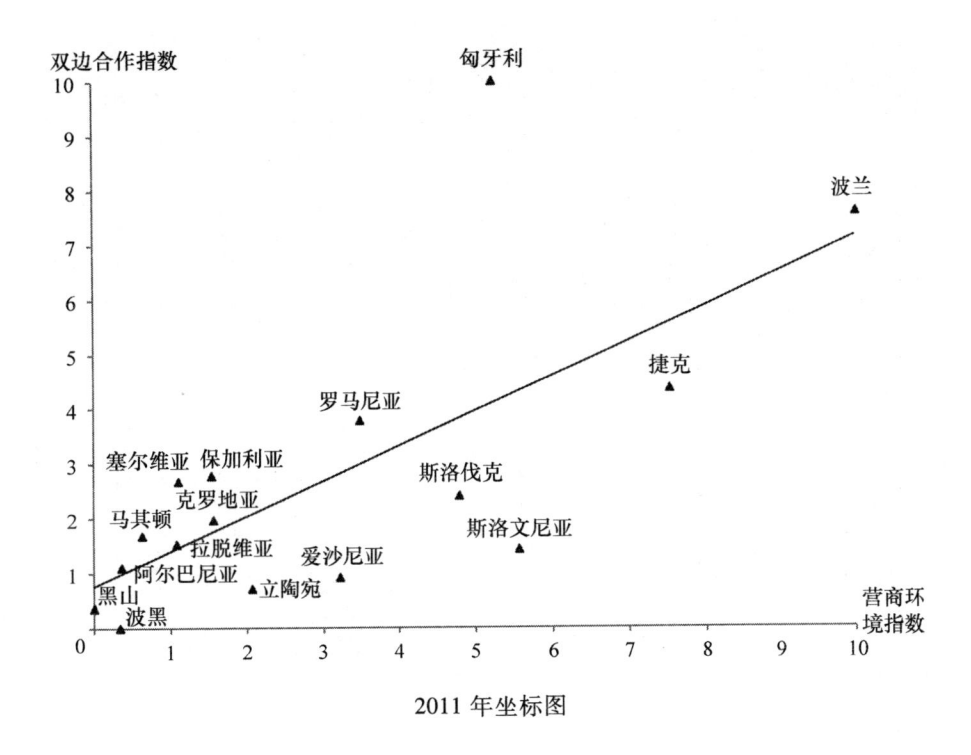

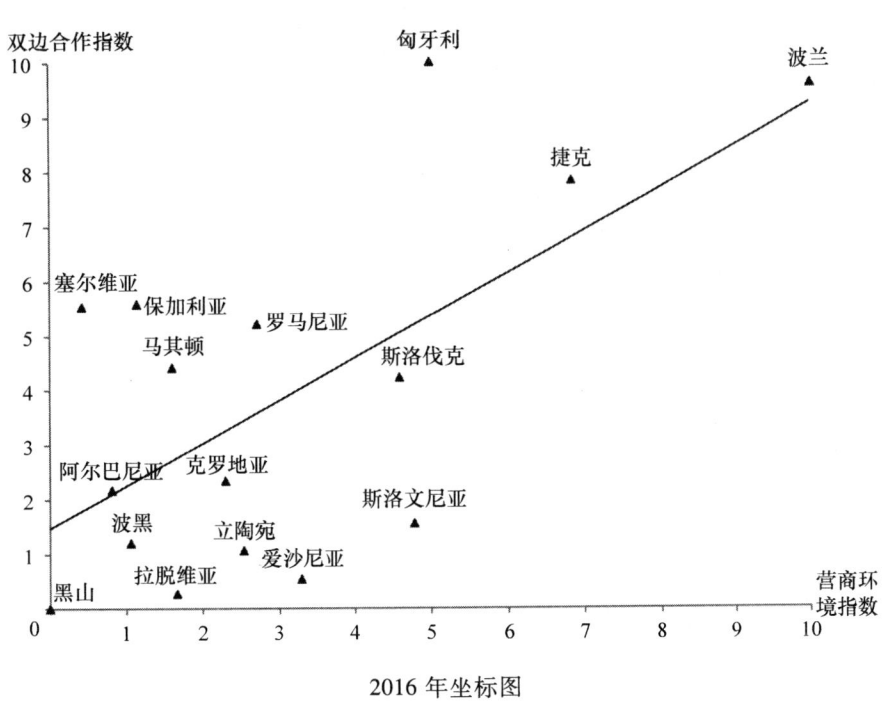

图6—2 2011年和2016年中国—中东欧合作评价体系坐标对比图

表6—1 中东欧16国营商环境指数统计

国别\年份	总和	阿尔巴尼亚	波黑	保加利亚	克罗地亚	捷克	爱沙尼亚	匈牙利	拉脱维亚	立陶宛	马其顿	黑山	波兰	罗马尼亚	塞尔维亚	斯洛伐克	斯洛文尼亚
2011	48.54	0.37	0.34	1.54	1.57	7.53	3.22	5.23	1.08	2.07	0.62	0.00	10.0	3.49	1.11	4.80	5.57
2016	48.75	0.81	1.06	1.14	2.30	6.83	3.29	5.00	1.66	2.53	1.60	0.00	10.0	2.72	0.43	4.59	4.79
变化(%)	0.43	118.92	211.76	−25.97	46.50	−9.30	2.17	−4.40	53.70	22.22	158.06	0.00	0.00	−22.06	−61.26	−4.38	−14.00

资料来源：依据本报告数据计算所得。

表6—2 中国与中东欧16国双边合作指数统计

国别\年份	总和	阿尔巴尼亚	波黑	保加利亚	克罗地亚	捷克	爱沙尼亚	匈牙利	拉脱维亚	立陶宛	马其顿	黑山	波兰	罗马尼亚	塞尔维亚	斯洛伐克	斯洛文尼亚
2011	43.22	1.11	0.00	2.78	1.96	4.35	0.92	10.0	1.52	0.71	1.68	0.35	7.58	3.78	2.67	2.40	1.41
2016	61.50	2.17	1.20	5.58	2.34	7.83	0.54	10.0	0.27	1.06	4.42	0.00	9.59	5.21	5.52	4.23	1.55
提升度(%)	42.30	95.50	120.00	100.72	19.39	80.00	−41.30	0.00	−82.24	49.30	163.10	−100.00	26.52	37.83	106.74	76.25	9.93

资料来源：依据本报告数据计算所得。

另一方面，中国—中东欧各国双边合作明显深化，如表6—2所示，2011年和2016年中国—中东欧双边合作指数总和分别为43.22和61.50，提升了40%以上。经过"16+1合作"机制五年来的不断深化与落实，中国—中东欧各国的双边合作均取得了许多成果，从而整体拉升了双边合作指数。提升幅度最大的是捷克，其次是塞尔维亚、保加利亚和马其顿，波兰、斯洛伐克、罗马尼亚、波黑和阿尔巴尼亚也有一定程度的提升。当然，在此期间也存在合作成果相对较少的国家，如爱沙尼亚、拉脱维亚、黑山3国。尤其值得一提的是，中国与匈牙利的双边合作近年来在中东欧地区一直保持最好水平。

（三）基于坐标轴趋势线的分析

图6—2中的实线为运用最小二乘法（OLS）所描绘的营商环境与双边合作关系的线性表达，也可视为两者间关系的趋势线，用来反映营商环境与双边合作水平之间动态变化的趋势关系。根据趋势线的特点得到如下结论：

第一，趋势线斜率的变化。趋势线斜率反映整体上双边合作与营商环境所对应的比率。相较于2011年，2016年趋势线斜率整体上移，表明2011—2016年，中国—中东欧双边合作的改善效应大于中东欧国家自身营商环境的改善效应。因此证明了"16+1合作"机制运作在此期间是以"合作驱动"为主的基本事实。同时也为"'16+1合作'确实提升了中国—中东欧双边合作水平"这一判断提供了理论依据。

第二，中东欧各国坐标相对于趋势线的变化。一国坐标位于趋势线上方表明中国与该国双边合作水平大于该国营商环境水平，该国营商环境可以通过落实与中国双边合作得到改善。截至2016年，阿尔巴尼亚、塞尔维亚、保加利亚、马其顿、罗马尼亚、匈牙利、捷克和波兰坐标均位于趋势线上方，这些国家可以在保持与中国现有双边合作成果的基础上，发挥自身优势以提升自身营商环境水平。一国坐标位于趋势线下方表明中国与该国双边合作水平低于该国营商环境水平，反映出中国与该国双边合作水平与该国营商环境不匹配，中国与该国的双边合作存在进一步发展的空间。截至2016年，黑山、波黑、拉脱维亚、克罗地亚、立陶宛、爱沙尼亚、斯洛伐克和斯洛文尼亚坐标均位于趋势线下方，这些国家可以作为"16+1合作"下一阶段关注与合作的重点。

此外，值得注意的是捷克，2011年捷克坐标位于趋势线下方，反映出中国与捷克双边合作水平与捷克自身营商环境不匹配。经过"16+1合作"的不断深化，2016年捷克坐标移至趋势线上方，证明"16+1合作"机制颇有成效地提升了中捷双边合作水平。

七 中国—中东欧经贸合作进展路径及政策建议

本报告通过中东欧营商环境指数和中国—中东欧双边合作指数两项研究成果，全面、客观、科学地衡量中东欧各国营商环境水平、中国—中东欧各国双边合作水平。在中东欧营商环境指数方面，报告基于中东欧各国行政、宏观经济、贸易、金融、投融资、基础设施、社会、创新能力等指标数据，运用数理模型科学计算中东欧各国营商环境发展程度，为经贸先行背景下的"16+1合作"提供参考；在中国—中东欧双边合作指数方面，报告基于中国—中东欧各国在政治、贸易、金融、投资、人文交流等方面合作的指标数据，量化中国—中东欧各国双边合作的水平与进展。

（一）主要结论

1. 营商环境

在营商环境方面，相较于2011年，2016年中东欧国家营商环境整体未发生明显变化。其中，阿尔巴尼亚、波黑、克罗地亚、爱沙尼亚、拉脱维亚、立陶宛、马其顿这7个国家营商环境水平得到明显提升，然而保加利亚、捷克、匈牙利、罗马尼亚、塞尔维亚、斯洛伐克、斯洛文尼亚7国营商环境水平略有下降。总体上看，波兰遥遥领先，捷克次之，匈牙利、斯洛文尼亚和斯洛伐克三国营商环境表现也较好，与这些国家相比，其他国家营商环境存在差距。整体上看，中东欧国家营商环境中社会环境比较突出，行政和投融资环境比较有利，宏观经济环境、金融环境、贸易环境、基础设施以及创新能力等有待加强，当然各国之间的差异也极大。

2016年中东欧营商环境中，行政环境最好的是匈牙利，其次是捷克、爱沙尼亚、马其顿等国，斯洛文尼亚、阿尔巴尼亚排名垫底；宏观经济环境最好的是波兰，其次是捷克、斯洛文尼亚、匈牙利等国，阿尔巴尼亚、马其顿排名垫底；贸易环境最好的是波兰，其次是捷克、罗马尼亚、匈牙利等国，马其顿、斯洛文尼亚排名垫底；金融环境最好的是匈牙利，其次是斯洛文尼亚、阿尔巴尼亚等国，拉脱维亚、斯洛伐克排名垫底；投融资环境最好的是波兰，其次是拉脱维亚、捷克等国，克罗地亚、斯洛文尼亚排名垫底；基础设施最好的是波兰，其次是捷克、罗马尼亚、匈牙利等国，马其顿、斯洛文尼亚排名垫底；社会环境最好的是匈牙利，其次是波兰、斯洛伐克、捷克等国，塞尔维亚、爱沙尼亚排名垫底；创新能力最好的是波兰，其次是捷克、罗马尼亚、匈牙利等国，马其顿、斯洛文尼亚排名垫底。

从具体国别来看，2016年营商环境排在前5名的是波兰、捷克、匈牙利、斯洛文尼亚、斯洛伐克。波兰整体营商环境排在第一位，贸易环境、投融资环境、基础设施以及创新能力均获得最高值，在社会环境、宏观经济环境、行政环境方面也显得较为优越，但波兰的金融环境有待加强。捷克营商环境整体强于中东欧大多数国家，社会环境和行政环境表现突出，较好的模块集中于宏观经济环境、贸易环境以及基础设施，然而金融环境相对于整体营商环境有待加强。匈牙利营商环境整体强于中东欧大多数国家，表现最好的模块集中于行政环境、金融环境以及社会环境，在投融资环境、宏观经济环境方面表现尚可，在创新能力、贸易环境、基础设施方面相对于整体营商环境而言有待改善。斯洛文尼亚营商环境在社会、金融、宏观经济方面表现相对突出，但其余模块指数均偏低，尤其是在贸易环境、投融资环境、基础设施以及创新能力领域有待加强。斯洛伐克营商环境在社会、投融资、行政环境方面表现突出，宏观经济环境方面表现也较好，但其余模块指数均有待加强，尤其是在金融环境领域。

罗马尼亚在社会环境方面表现突出，此外，其投融资环境、贸易环境、宏观经济环境、基础设施以及创新能力表现也尚可，但行政环境、金融环境有待加强。爱沙尼亚的营商环境在行政环境与投融资环境方面表现突出，宏观经济环境也较好，但贸易环境、金融环境、基础设施、社会环境以及创新能力均不理想。立陶宛的营商环境在投融资环境、社会环境与行政环境方面表现较好，宏观经济环境相对较弱，在贸易环境、金融环境、基础设施以及创新能力方面均存在提升空间。克罗地亚营商环境较好的模块集中于行政环境，在社会环境、宏观经济环境和金融环境方面有一定表现，在贸易环境、投融资环境、基础设施以及创新能力方面均存在提升空间。保加利亚营商环境较好的模块集中于社会环境，其余模块均有待改善。拉脱维亚的营商环境在投融资环境与社会环境方面表现相对突出，宏观经济环境尚可，在行政环境、贸易环境、金融环境、基础设施以及创新能力方面分值偏低，均有待加强。塞尔维亚在金融环境方面表现尚可，但其他营商环境模块指数分值均偏低，表明塞尔维亚营商环境水平整体偏低，需要加强风险意识。

马其顿的营商环境在行政环境、社会环境、投融资环境方面表现突出，但在宏观经济环境、贸易环境、金融环境、基础设施以及创新能力方面均有待加强。阿尔巴尼亚营商环境较好的模块集中于金融环境、社会环境以及投融资环境，而行政环境、宏观经济环境、贸易环境、基础设施以及创新能力均不理想。波黑营商环境较好的模块集中于社会环境、行政环境，在投融资环境和金融环境方面均需改善，在宏观经济环境、贸易环境、基础设施以及创新能力方面有待大力加强。黑山的营商环境在行政环境、社会环境方面表现相对突出，投融资环境和宏观经济环境较弱，在贸易环境、金融环境、基础设施以及创新能力方面均有待加强。

2. 双边合作

在双边合作方面，伴随着"16+1合作"的不断落实与深化，2016年中国—中东欧双边合作整体水平相对于2011年有很大提升。经过"16+1合作"机制五年来的不断深化与落实，中国—中东欧各国的双边合作均取得了许多成果，从而整体提升了双边合作指数。提升幅度最大的是马其顿，其次是波黑、塞尔维亚和保加利亚，波兰、斯洛伐克、罗马尼亚、波黑和阿尔巴尼亚也有一定程度的提升。当然，在此期间也存在合作成果相对较少的国家，如爱沙尼亚、拉脱维亚、黑山3国。尤其值得一提的是，中国与匈牙利的双边合作近年来在中东欧地区一直保持最好水平。

从合作水平来看，中国—中东欧双边合作整体表现出投资合作、人文交流最密切，政治合作、金融合作次之，贸易合作存在提升空间的特点。

2016年中国—中东欧双边合作体系中，政治领域合作表现最好的是波兰，其次是匈牙利、塞尔维亚等国，斯洛文尼亚、拉脱维亚排名垫底；贸易领域合作表现最好的是捷克，其次是波兰、匈牙利等国，斯洛文尼亚、拉脱维亚排名垫底；金融领域合作表现最好的是匈牙利，其次是阿尔巴尼亚、斯洛文尼亚、塞尔维亚等国，罗马尼亚、斯洛伐克排名垫底；投资领域合作表现最好的是匈牙利，其次是罗马尼亚、波兰、拉脱维亚等国，马其顿、黑山排名垫底；人文交流领域表现最好的是匈牙利，其次是罗马尼亚、波兰、拉脱维亚等国，马其顿、黑山排名垫底。

从国别情况来看，在中东欧16国当中，2016年中国与匈牙利双边关系非常密切，在金融、投资、人文交流领域的合作均达到最高水平，政治合作程度也非常高，在贸易领域的合作表现不俗，因此，匈牙利在中国—中东欧国家合作综合指数排名中位列第一。排名第二的是波兰。中国与波兰双边合作非常密切，在政治、贸易、投资以及人文交流领域的合作水平均非常高，然而，中波两国在金融领域的合作水平较低，这与波兰金融环境整体水平相对较低有关。捷克排名第三。中国与捷克双边合作主要集中于贸易领域，此外在投资、人文交流、政治以及金融领域均有积极表现。

排在第二梯队的是保加利亚、塞尔维亚、罗马尼亚以及马其顿。中国与保加利亚双边合作在投资、人文交流领域表现突出，在政治、金融领域有一定程度的合作，在贸易领域开展合作的空间有待拓展。中国与塞尔维亚在政治领域合作水平非常高，在投资、人文交流、金融领域的合作表现也比较突出，中塞两国在贸易领域的合作存在进一步提升的空间。中国与罗马尼亚双边合作分布领域较为广泛，投资、人文交流领域表现突出，政治、贸易领域也有不俗表现，金融领域存在进一步提升的空间。中国与马其顿双边合作分布较为广泛，金融领域合作表现相对较为突出，中马两国在政治、投资以及人文交流领域的合作也均有较好表现，贸易领域合作存在进一步提升的空间。

此外，其他国家在发展同中国的双边关系方面也有潜力可挖。中国与斯洛伐克双边合作水平较高，在贸易、投资以及人文交流领域表现十分突出，政治领域合作存在进一步提升的空间，此外，中斯两国在金融领域的合作程度低，可能与其金融环境正相关。中国与克罗地亚双边合作在政治、投资、人文交流领域表现突出，在金融、贸易领域开展合作的空间需要拓展。中国与阿尔巴尼亚双边合作集中于金融、政治、投资以及人文交流领域，在贸易领域开展合作有提升空间。中国与斯洛文尼亚双边合作在金融领域表现比较突出，在投资以及人文交流领域也有密切合作，但政治与贸易合作程度低，存在进一步提升的空间。中国与波黑双边合作集中于投资、人文交流领域，双方在政治、金融领域也有一定程度的合作，在贸易领域开展的合作有进一步挖掘的空间。

中国与立陶宛双边合作分布较为广泛，在投资、人文交流、金融、贸易以及政治领域均有合作，但得分数值均不高，提升空间较大。中国与爱沙尼亚双边合作主要集中于投资与人文交流领域，而在金融、政治、贸易领域均需拓展合作空间。中国与拉脱维亚双边合作主要集中于投资与人文交流领域，此外在金融领域的合作表现较好，但政治、贸易领域方面的合作均存在提升空间。中国与黑山双边合作程度较低，除金融合作略有基础外，在政治、贸易、投资以及人文交流领域合作水平低。

3. **动态趋势线分析**

结合营商环境与双边合作的动态比较可以发现，一方面，中国与阿尔巴尼亚、塞尔维亚、保加利亚、马其顿、罗马尼亚、匈牙利、捷克等国家的双边合作水平大于该国营商环境水平，反映出中国与上述国家双边合作较好但营商环境条件不足的事实，相关国家可以在保持与中国现有双边合作成果的基础上，发挥合作潜力和自身优势以提升自身营商环境水平；另一方面，中国与黑山、波黑、拉脱维亚、克罗地亚、立陶宛、爱沙尼亚、斯洛伐克、斯洛文尼亚等国家的双边合作水平低于该国营商环境水平，反映出中国与这些国家的双边合作水平与其营商环境不匹配，中国与这些国家的双边合作存在进一步发展的空间，因此这些国家可以作为"16+1合作"下一阶段关注与跟进的重点。

（二）进展路径及政策建议

基于上述关于中东欧营商环境以及中国—中东欧双边合作的结论，本报告提出以下进展路径及政策建议：

首先，中东欧国家营商环境表现出社会环境、行政环境较好，投融资环境、宏观经济环境次之，金融环境、贸易环境、基础设施以及创新能力不足的特点。"16+1合作"的科学路径可制定为：以政治合作为基础，以基础设施为突破口，以金融合作为杠杆，加大双边投资领域合作，提升中东欧地区基础设施水平以实现互联互通并带动贸易发展。目前实施的具体项目如相关产业园区建设、三海港区港口合作以及塞匈铁路的兴建，也验证了这一路径的科学性。

其次，中国—中东欧双边合作整体表现出投资、人文交流合作最密切，政治合作次之，金融、贸易合作有待加强的特点。建议后续在稳固政治、投资、人文交流合作的基础上，拓展贸易、金融领域的合作，这是眼下推动"16+1合作"并进行更深层次务实合作的切入点。需要找准重点国家发展贸易和金融合作。贸易方面在保持同波兰、捷克、匈牙利的合作热度的同时，优先发展罗马尼亚、塞尔维亚、波黑、阿尔巴尼亚、拉脱维亚等国家。金融合作方面实行强强联合，优先发展在金融和投融资领域有优势的国家，如匈牙利、波兰。

再次，在国别合作方面，波兰、匈牙利、捷克已经成为中国—中东欧合作的领头羊。今后在进一步发展同这些国家的合作的同时，也需要推动同其他中东欧国家的合作进展，以激发羊群效应。具体可以从以下几个方面入手。第一，中国与塞尔维亚、保加利亚、马其顿、罗马尼亚等国家双边合作水平较好，但上述国家营商环境条件不足，与双边合作水平不匹配。在此情境下，在双边合作中需要做好风险控制，特别是针对宏观经济与金融环境较落后的国家，如马其顿。第二，中国与斯洛伐克、斯洛文尼亚等国家双边合作水平较低，但上述国家营商环境水平较好，双边合作存在进一步发展的空间，可以作为"16+1合作"下一阶段关注与跟进的重点。第三，拉脱维亚、克罗地亚、立陶宛、爱沙尼亚等国既在营商环境方面相对较弱，在与中国的双边合作方面也较弱，可以通过推动同这些国家的双边合作来改善营商环境。

最后，从国别分析视角观察，中国—中东欧各国在细分领域的合作基本符合该国营商环境现状。例如波兰与塞尔维亚。波兰整体营商环境在中东欧地区处于领先水平，然而其金融环境相对落后，而中波两国在金融领域的双边合作也相对不足。塞尔维亚整体营商环境在中东欧地区处于落后地位，但金融环境相对突出，中塞两国在金融领域的双边合作也较为密切。此外，中国—中东欧各国在细分领域的合作也需要考虑到该国营商环境的现状。例如，捷克提出要成为中国—中东欧合作的金融中心，但捷克的金融环境水平在其营商环境体系中是最低的，而中捷两国在金融领域的合作进展却非常迅速，因此，这方面的风险管控还需加强。马其顿等国在金融环境方面也存在类似问题。

本报告为科学评估中国—中东欧合作的进展做出初步尝试。评估的目的也是为"16＋1合作"进展的科学性、可持续性以及风险预警能力提供科学证据。评估过程中肯定有许多不足，也期待在今后的不断更新中完善评估体系。今后的研究将扩展研究对象，进一步找准中东欧各国营商环境强势领域以及中国—中东欧各国双边合作有待提升领域的交集，这对今后"16＋1合作"深化具体国别合作而言至关重要。

附录

附录 1

2011 年中东欧国家营商环境体系因子载荷矩阵

	元件								
	1	2	3	4	5	6	7	8	9
Zscore（VAR00001）	0.036	0.228	0.404	0.302	0.481	-0.363	0.002	-0.425	0.316
Zscore（VAR00002）	0.236	0.817	0.233	-0.080	-0.137	-0.184	-0.099	-0.080	0.087
Zscore（VAR00003）	0.155	-0.113	-0.145	-0.890	0.059	-0.029	0.045	-0.053	-0.104
Zscore（VAR00004）	0.186	0.290	0.525	-0.094	0.583	-0.172	0.079	-0.221	-0.131
Zscore（VAR00005）	0.248	-0.094	-0.742	-0.128	0.139	-0.244	0.099	0.161	0.313
Zscore（VAR00006）	0.213	-0.481	0.052	-0.027	0.197	-0.229	0.124	0.596	-0.093
Zscore（VAR00007）	0.976	-0.041	-0.049	0.016	0.011	-0.071	0.124	-0.096	-0.043
Zscore（VAR00008）	-0.276	-0.823	-0.079	-0.320	-0.157	0.006	0.003	0.304	0.101
Zscore（VAR00009）	0.991	0.081	0.046	-0.009	0.036	0.009	-0.030	0.059	0.021
Zscore（VAR00010）	0.198	0.931	0.036	0.144	0.073	0.152	0.040	0.094	-0.039
Zscore（VAR00011）	0.146	-0.024	0.744	-0.107	0.364	0.165	-0.001	0.223	0.345
Zscore（VAR00012）	0.249	-0.314	-0.156	-0.186	0.111	0.122	0.683	-0.264	0.148
Zscore（VAR00013）	0.980	0.087	0.013	0.013	0.119	0.074	-0.027	0.033	0.028
Zscore（VAR00014）	0.984	0.095	0.061	0.001	0.069	0.046	-0.059	0.076	0.044
Zscore（VAR00015）	0.991	0.090	0.046	-0.005	0.032	0.004	-0.037	0.056	0.018
Zscore（VAR00016）	0.889	0.232	0.166	0.195	0.129	0.101	0.115	0.021	0.041
Zscore（VAR00017）	0.934	0.190	0.128	0.146	0.108	0.100	0.079	0.027	0.034
Zscore（VAR00018）	0.397	0.567	-0.080	0.533	-0.010	0.249	0.120	-0.253	-0.072
Zscore（VAR00019）	0.914	0.211	0.147	0.170	0.119	0.101	0.097	0.024	0.038
Zscore（VAR00020）	0.043	-0.034	0.079	0.075	-0.036	-0.149	0.070	-0.058	0.947
Zscore（VAR00021）	0.573	0.522	0.005	0.459	0.003	0.157	-0.308	-0.133	0.019
Zscore（VAR00022）	-0.109	0.309	0.035	0.075	0.052	-0.206	0.841	0.275	0.052

续表

	元件								
	1	2	3	4	5	6	7	8	9
Zscore（VAR00023）	-0.310	-0.312	-0.730	-0.233	0.152	0.040	-0.049	-0.147	-0.231
Zscore（VAR00024）	-0.431	-0.373	-0.105	-0.036	-0.357	-0.351	-0.066	-0.246	0.190
Zscore（VAR00025）	0.355	0.637	-0.050	0.297	0.105	0.150	-0.403	-0.066	0.307
Zscore（VAR00026）	-0.212	0.772	-0.168	-0.084	-0.062	-0.432	-0.014	0.048	-0.251
Zscore（VAR00027）	0.977	0.160	0.074	-0.006	0.006	-0.042	0.009	0.090	-0.037
Zscore（VAR00028）	0.082	-0.079	-0.080	-0.059	0.947	-0.009	0.071	0.082	0.010
Zscore（VAR00029）	0.338	0.691	-0.116	0.321	0.387	-0.014	0.086	-0.263	-0.212
Zscore（VAR00030）	0.963	0.108	0.069	0.057	0.108	0.059	0.062	-0.036	-0.027
Zscore（VAR00031）	0.784	0.360	0.211	0.075	-0.056	-0.151	0.335	0.059	-0.087
Zscore（VAR00032）	0.139	0.810	0.155	0.426	0.046	0.011	-0.150	0.059	-0.091
Zscore（VAR00033）	0.984	-0.017	-0.063	0.015	0.046	0.038	0.076	-0.093	0.033
Zscore（VAR00034）	0.796	0.179	-0.120	0.168	-0.146	-0.106	-0.457	0.010	0.145
Zscore（VAR00035）	0.925	0.066	0.076	-0.118	-0.088	-0.148	-0.201	0.153	0.055
Zscore（VAR00036）	-0.071	0.770	0.199	-0.315	0.060	0.303	-0.018	-0.118	0.218
Zscore（VAR00037）	-0.077	0.216	0.112	0.052	-0.062	0.894	-0.091	-0.053	-0.182
Zscore（VAR00038）	-0.162	0.843	0.018	0.147	0.240	-0.243	-0.154	-0.222	-0.034
Zscore（VAR00039）	0.970	-0.121	-0.064	-0.057	0.004	-0.006	0.019	-0.023	0.054
Zscore（VAR00040）	-0.048	0.739	-0.029	-0.017	-0.268	0.100	0.127	0.501	-0.077
Zscore（VAR00041）	0.207	0.804	0.156	0.057	-0.027	0.337	0.275	0.083	-0.069
Zscore（VAR00042）	0.425	-0.142	0.407	0.281	-0.079	0.475	0.014	0.471	0.099
Zscore（VAR00043）	0.572	0.026	0.125	0.109	0.379	0.296	0.433	0.423	-0.055
Zscore（VAR00044）	0.166	0.922	0.030	0.100	-0.024	0.127	-0.019	0.147	0.009
Zscore（VAR00045）	0.972	0.038	-0.050	-0.088	-0.018	-0.049	-0.020	0.048	0.068
Zscore（VAR00046）	0.948	-0.112	-0.103	-0.135	0.082	0.142	-0.030	-0.048	-0.093
Zscore（VAR00047）	0.007	0.881	0.065	-0.277	-0.059	-0.034	0.189	-0.164	0.178

注：选取方法：主成分分析。

转轴方法：具有 Kaiser 方差极大正交旋转法处理因子载荷矩阵。

a. 在 20 叠代中收敛循环。

附录 2

2011 年中国—中东欧双边合作体系因子载荷矩阵

	元件		
	1	2	3
VAR00001	0.258	0.128	0.879
VAR00002	-0.527	-0.077	0.751
VAR00003	-0.651	0.030	0.634
VAR00004	0.238	0.095	0.822
VAR00005	0.882	0.258	0.265
VAR00006	0.856	0.299	0.168
VAR00007	0.543	0.331	-0.316
VAR00008	0.856	0.299	0.168
VAR00009	0.575	0.700	0.236
VAR00010	0.575	0.700	0.236
VAR00011	0.575	0.700	0.236
VAR00012	-0.075	0.768	-0.154
VAR00013	0.260	0.889	0.086
VAR00014	0.467	0.814	0.203
VAR00015	0.211	0.375	0.499
VAR00016	0.550	0.756	0.261
VAR00017	0.847	0.271	-0.015

注：选取方法：主成分分析。

转轴方法：具有 Kaiser 方差极大正交旋转法处理因子载荷矩阵。

a. 在 20 叠代中收敛循环。

附录 3

2016 年中东欧营商环境体系因子载荷矩阵

	元件									
	1	2	3	4	5	6	7	8	9	10
世界经济自由度	0.177	0.112	-0.639	0.195	-0.015	-0.348	0.151	0.457	0.263	0.006
廉洁指数	0.243	0.771	-0.059	0.332	-0.335	-0.047	0.174	0.093	0.013	0.256
军费支出	0.392	-0.075	0.072	-0.247	-0.691	-0.318	-0.040	-0.225	0.105	0.039
执政周期	0.189	0.186	-0.123	0.147	0.135	0.079	0.103	0.077	0.892	0.031
是否存在提前大选	0.230	-0.130	0.046	-0.069	-0.100	0.065	-0.894	-0.102	-0.090	0.117
开办企业流程的成本	0.499	-0.387	0.205	-0.313	0.068	0.286	0.218	0.068	-0.444	0.083
法律权利力度	0.095	-0.255	-0.898	-0.147	0.105	-0.080	0.090	0.143	0.013	-0.122
官方储备资产	0.955	0.032	-0.054	0.028	0.027	0.027	-0.021	-0.005	0.047	-0.147
贝塔斯曼转型指数	-0.316	-0.822	0.056	-0.192	0.251	0.156	0.071	0.003	-0.197	0.141
GDP	0.987	0.086	-0.009	0.075	0.028	-0.047	-0.050	-0.019	0.034	0.060
人均 GDP	0.131	0.960	0.054	0.165	0.033	0.018	-0.016	0.107	0.059	0.038
经济增长	0.399	-0.101	-0.129	-0.008	0.815	-0.075	0.125	0.068	0.263	-0.074
通胀率	-0.309	-0.394	-0.055	-0.746	-0.036	0.211	-0.164	0.177	-0.066	-0.212
固定资本形成总额	0.979	0.103	-0.049	0.098	0.075	-0.030	-0.050	0.028	0.032	-0.017
工业增加值	0.987	0.124	0.027	0.037	0.046	-0.053	-0.022	0.013	0.036	0.032
服务等附加值	0.984	0.082	-0.013	0.082	0.017	-0.063	-0.058	-0.029	0.033	0.082
营商环境	0.041	0.455	-0.338	0.310	-0.213	-0.384	-0.009	0.387	0.329	0.237
出口总值	0.912	0.265	-0.011	0.048	0.154	0.093	0.085	0.136	0.035	-0.171
进口总值	0.935	0.234	-0.011	0.070	0.136	0.058	0.057	0.103	0.033	-0.153
贸易竞争优势指数	0.380	0.484	0.236	0.620	-0.008	0.178	-0.133	0.154	-0.118	-0.223
贸易世界占有率	0.924	0.250	-0.011	0.059	0.146	0.076	0.072	0.120	0.034	-0.162
海关关税税率	-0.277	-0.464	0.155	-0.017	0.286	-0.190	0.584	-0.264	-0.125	0.227
物流绩效指数	0.418	0.748	-0.279	0.263	-0.084	-0.032	-0.011	-0.162	-0.173	-0.178
官方汇率	-0.072	0.096	0.072	0.042	0.083	0.953	-0.090	-0.001	0.038	0.015

续表

	元件									
	1	2	3	4	5	6	7	8	9	10
实际利率	-0.349	-0.248	0.154	-0.538	-0.293	-0.186	-0.403	-0.192	-0.237	-0.003
银行不良贷款比率	-0.251	-0.636	0.118	-0.272	-0.058	0.331	-0.256	-0.433	0.022	-0.241
主权债券评级	0.330	0.731	0.042	0.189	0.051	-0.355	-0.141	0.330	-0.062	0.017
国内信贷	0.117	0.436	0.446	-0.354	-0.183	0.040	0.359	-0.045	0.293	0.143
净国内信贷	0.978	0.128	0.074	-0.014	-0.011	-0.048	0.021	-0.012	0.047	0.117
投资率	-0.123	-0.117	-0.349	0.046	0.252	0.043	0.016	0.847	0.051	-0.002
储蓄率	0.024	0.443	0.135	0.740	0.016	0.054	-0.019	0.234	0.279	-0.089
利用外资存量	0.985	0.109	-0.036	0.042	-0.014	0.056	0.029	0.011	0.035	-0.061
对外直接投资存量	0.883	0.146	-0.065	0.024	-0.117	0.318	0.176	0.000	0.009	0.182
互联网普及率	-0.014	0.737	0.061	-0.128	-0.020	0.049	0.411	0.480	0.020	0.098
铁路里程	0.966	0.024	-0.111	0.130	0.028	0.020	-0.094	-0.045	0.001	-0.118
铁路货运量	0.793	0.229	-0.043	0.128	-0.099	-0.343	-0.191	0.129	-0.173	0.264
航空货运量	0.930	0.042	0.104	-0.088	-0.096	-0.139	-0.002	-0.022	0.021	0.250
耗电量	-0.091	0.771	0.077	-0.257	-0.052	-0.016	0.190	-0.147	0.247	-0.226
公共医疗卫生支出	-0.098	0.207	0.748	0.186	0.162	-0.148	0.264	-0.147	-0.203	-0.411
港口基础设施质量	-0.201	0.552	-0.181	0.023	-0.373	-0.124	-0.240	0.205	0.344	0.462
人口总数	0.963	-0.099	-0.041	0.124	-0.013	-0.050	-0.136	-0.101	0.002	0.034
最低工资	-0.063	0.713	0.257	-0.069	0.319	0.211	0.035	-0.330	-0.135	0.321
人均医疗卫生支出	0.038	0.934	0.227	0.104	0.118	0.151	-0.046	-0.104	0.050	-0.006
劳动人口比重	0.233	-0.436	0.318	-0.038	0.552	-0.006	0.350	0.111	-0.070	0.208
人口密度	0.602	0.006	0.396	-0.090	0.462	0.393	-0.026	0.083	0.168	-0.249
人均居民最终消费支出	0.151	0.951	0.060	0.104	0.061	-0.061	-0.051	0.025	0.040	0.106
专利申请量	0.975	-0.004	0.005	0.021	-0.060	-0.089	-0.035	-0.041	0.022	0.175
商标申请总量	0.947	-0.112	-0.072	0.046	0.001	-0.149	-0.110	-0.039	-0.015	-0.200
研发支出	0.040	0.867	0.145	0.115	-0.126	0.251	0.024	-0.101	0.087	-0.107

注：选取方法：主成分分析。

转轴方法：具有 Kaiser 方差极大正交旋转法处理因子载荷矩阵。

a. 在 20 叠代中收敛循环。

附录 4

2016 年中国—中东欧双边合作体系因子载荷矩阵

	元件			
	1	2	3	4
伙伴关系	0.444	0.742	0.255	0.128
高层关系	-0.192	0.920	0.171	0.025
外交访问	-0.318	0.849	0.023	0.066
"一带一路"谅解备忘录	0.708	0.349	0.209	0.086
联合声明	0.422	0.681	0.154	0.179
中国对该国出口总值	0.872	-0.069	0.189	0.011
中国从该国进口总值	0.966	-0.028	0.175	0.068
中国出口产品市场份额	0.913	-0.674	0.120	0.365
该国出口产品市场份额	0.966	-0.028	0.175	0.068
货币与债券合作	0.604	-0.205	-0.092	0.435
是否开设银行	0.623	-0.092	0.541	0.289
人民币离岸市场建设	0.098	0.236	-0.223	0.896
汇率	0.078	-0.088	0.228	0.890
中国对该国 OFDI 流量	0.623	0.066	0.612	-0.191
中国对该国 OFDI 存量	0.795	0.070	0.847	0.250
文化中心	0.188	0.264	0.853	0.016
孔子学院数量	0.597	0.105	0.748	-0.007
智库数量	0.862	-0.174	0.840	0.059

注：选取方法：主成分分析。

转轴方法：具有 Kaiser 方差极大正交旋转法处理因子载荷矩阵。

a. 在 20 叠代中收敛循环。

附录 5

中国—中东欧高层关系统计

阿尔巴尼亚：

2001年3月，阿尔巴尼亚议长吉努什访华

2004年7月，阿尔巴尼亚议长珀隆比访华

2004年9月，阿尔巴尼亚总理纳诺访华

2005年1月，阿尔巴尼亚议会外委会主席泽拉访华

2006年4月，国务院副总理回良玉访问阿尔巴尼亚

2006年6月，全国政协副主席王忠禹访问阿尔巴尼亚

2007年5月，阿尔巴尼亚议长托帕利访华

2007年9月，中共中央对外联络部部长王家瑞访问阿尔巴尼亚

2007年9月，阿尔巴尼亚政府发言人兼一体化部部长布雷古访华

2008年8月，阿尔巴尼亚总理贝里沙访华

2009年4月，阿尔巴尼亚总理贝里沙访华

2009年7月，全国人大外事委员会副主任委员卢钟鹤访问阿尔巴尼亚

2009年10月，国务院副总理张德江访问阿尔巴尼亚

2010年7月，全国人大常委会委员长吴邦国同阿尔巴尼亚议长托帕利交谈

2010年8月，中宣部部长刘云山访问阿尔巴尼亚

2010年9月，阿尔巴尼亚总统托皮访华

2012年3月，中共北京市委书记刘淇访问阿尔巴尼亚

2012年4月，国务院总理温家宝会晤阿尔巴尼亚副总理兼外长哈吉纳斯托

2012年10月，全国政协副主席张榕明访问阿尔巴尼亚

2013年11月，国务院总理李克强会晤阿尔巴尼亚总理拉马

2014年9月，国务院总理李克强会见阿尔巴尼亚总理拉马

2014年12月，国务院总理李克强会晤阿尔巴尼亚总理拉马

2015年11月，阿尔巴尼亚总理拉马访华

2016年5月，全国人大常委会副委员长吉炳轩访问阿尔巴尼亚

2016年6月，国务委员杨晶访问阿尔巴尼亚

波黑：

2008年4月，波黑部长会议主席尼科拉·什皮里奇访华

2008年8月，波黑主席团轮值主席哈里斯·西拉伊季奇访华

2008年9月，国务院副总理张德江访问波黑

2010年5月，波黑部长会议主席什皮里奇访华

2010年6月，全国妇联主席陈至立访问波黑

2011年7月和9月，中波司法协助条约谈判分别在萨拉热窝和北京举行

2012年3月，国务院副总理回良玉会见波黑部长会议主席弗耶科斯拉夫·贝万达

2012年4月，国务院总理温家宝会晤波黑部长会议主席贝万达

2012年9月，波黑总理顾问马里奇出席中国—中东欧国家合作秘书处成立大会

2013年7月，波黑总理顾问马里奇访华

2013年11月，国务院总理李克强会晤波黑部长会议主席贝万达

2014年12月，国务院总理李克强会晤波黑部长会议主席贝万达

2015年9月，波黑主席团轮值主席乔维奇访华

2015年11月，波黑部长会议主席兹维兹迪奇访华

2016年5月，波黑议会民族院轮值主席塔迪奇访华

保加利亚：

2000年3月，保加利亚总检察长菲尔切夫访华

2000年6月，国务院总理朱镕基访问保加利亚

2002年4月，保加利亚副总理兼经济部部长瓦西列夫访华

2002年5月，全国政协主席李瑞环访问保加利亚

2002年6月，国务委员王忠禹访问保加利亚

2002年7月，国务委员吴仪访问保加利亚

2002年12月，保加利亚议长格尔吉科夫访华

2003年9月，最高人民检察院检察长贾春旺访问保加利亚

2003年9月，保加利亚国防部部长斯维纳罗夫访华

2004年3月，保加利亚教育与科学部部长达米亚诺夫访华

2004年5月，全国人大常委会委员长吴邦国访问保加利亚

2004年9月，保加利亚总检察长菲尔切夫访华

2004年10月，保加利亚副总理兼经济部部长舒列娃访华

2004年11月，国务院副总理回良玉访问保加利亚

2004年11月，保加利亚文化部部长阿布拉舍夫访华

2004年12月，保加利亚农业部部长迪克麦访华

2005年11月，全国政协主席白立忱访问保加利亚

2005年11月，保加利亚总参谋长科列夫上将访华

2006年6月，中共中央政治局常委李长春访问保加利亚

2006年8月，保加利亚劳动和社会政策部部长玛斯拉罗娃访华

2006年9月，国防部部长曹刚川访问保加利亚

2006年11月，保加利亚总理斯塔尼舍夫访华

2007年6月，保加利亚总检察长韦尔切夫访华

2007年6月，保加利亚行政和行政改革部部长瓦西列夫访华

2007年9月，保加利亚国防部部长布利兹纳科夫访华

2008年1月，国务委员兼国务院秘书长华建敏访问保加利亚

2008年10月，保加利亚总统珀尔瓦诺夫出席亚欧首脑会议
2008年11月，保加利亚副总理兼教科部部长沃尔切夫访华
2008年11月，保加利亚总参谋长斯托伊科夫访华
2009年3月，保加利亚副总理兼外长卡尔芬访华
2009年4月，保加利亚最高上诉法院院长格鲁埃夫访华
2009年9月，国防部部长梁光烈访问保加利亚
2009年10月，国家副主席习近平访问保加利亚
2010年9月，保加利亚副总统马林访华
2010年9月，保加利亚副总理兼财政部部长迪扬科夫访华
2010年9月，广东省委书记汪洋访问保加利亚
2011年9月，中央军委代表团访问保加利亚
2011年12月，保加利亚国防部部长安格洛夫访华
2012年5月，中央政法委副书记王乐泉访问保加利亚
2012年5月，全国政协副主席林文漪访问保加利亚
2012年9月，全国人大常委会副委员长陈至立访问保加利亚
2012年11月，保加利亚国民议会副议长斯托扬诺娃访华
2012年11月，保加利亚经济能源和旅游部部长多布列夫访华
2013年4月，保加利亚国防参谋长西美昂诺夫访华
2013年9月，保加利亚总理奥雷沙尔斯基访华
2013年10月，全国政协副主席杜青林访问保加利亚
2013年12月，保加利亚议长米科夫访华
2014年1月，保加利亚总统普列夫内利埃夫访华
2014年5月，天津市委书记孙春兰访问保加利亚
2014年12月，保加利亚总检察长察察罗夫访华
2015年4月，重庆市委书记孙政才访问保加利亚
2015年10月，保加利亚总理博里索夫访华
2016年1月，保加利亚副总理兼内务部部长博奇瓦洛娃访华
2016年5月，保加利亚体育与青年部部长克拉莱夫访华

2016年6月，保加利亚国民议会议长察切娃访华

2016年6月，全国政协副主席韩启德访问保加利亚

2012年4月，国务院总理温家宝会见保加利亚副总理迪扬科夫

2013年11月，国务院总理李克强会见保加利亚总理奥雷沙尔斯基

2016年7月，国务院总理李克强会见保加利亚总统普列夫内利埃夫

克罗地亚：

2007年5月，克罗地亚外交和欧洲一体化部部长基塔罗维奇访华

2008年1月，国务委员华建敏访问克罗地亚

2008年5月，全国政协主席贾庆林访问克罗地亚

2008年8月，克罗地亚总统梅西奇访华

2008年9月，克罗地亚副总理科索尔访华

2009年6月，国家主席胡锦涛访问克罗地亚

2009年8月，克罗地亚议长贝比奇访华

2010年2月，文化部部长蔡武访问克罗地亚

2010年3月，克罗地亚外交和欧洲一体化部部长扬德罗科维奇访华

2010年5月，克罗地亚总统约西波维奇访华

2010年7月，克罗地亚副总理兼财政部部长舒凯尔访华

2010年11月，全国人大常委会副委员长司马义·铁力瓦尔地访问克罗地亚

2011年4月，克罗地亚前总统梅西奇访华

2011年9月，中央军委、全国政协代表团分别访问克罗地亚

2012年4月，国务院总理温家宝会见克罗地亚总理米拉诺维奇

2012年5月，全国人大常委会委员长吴邦国访问克罗地亚

2012年9月，克罗地亚交通、海洋和基础设施部部长东契奇和副外长克利索维奇、副财长拉洛瓦茨访华

2013年11月，国务院总理李克强会见克罗地亚总理米拉诺维奇

2013年11月，克罗地亚第一副总理兼外交与欧洲事务部部长普西奇访华

2014年5月，国务院副总理刘延东访问克罗地亚

2014年6月，重庆市委书记孙政才访问克罗地亚

2014年8月，克罗地亚议长莱科访华

2014年12月，国务院总理李克强会见克罗地亚第一副总理兼外交和欧洲事务部部长普西奇

2015年2月，工业和信息化部部长苗圩访问克罗地亚

2015年10月，克罗地亚总统基塔罗维奇访华

2015年11月，全国政协副主席杜青林访问克罗地亚

2015年11月，克罗地亚议长莱科访华

2016年6月，全国政协副主席陈元访问克罗地亚

捷克：

2000年6月，全国人大副委员长布赫访问捷克

2001年6月，政协副主席白立忱访问捷克

2002年6月，国务委员王忠禹访问捷克

2002年7月，国务委员吴仪访问捷克

2004年4月，捷克总统克劳斯访华

2005年1月，捷克工贸部部长乌尔班访华

2005年6月，捷克总理帕鲁贝克访华

2005年12月，国务院总理温家宝访问捷克

2006年2月，捷克众议院主席扎奥拉莱克访华

2006年4月，国务院副总理回良玉访问捷克

2006年9月，捷克总统克劳斯访华

2007年1月，捷军总参谋长什泰夫卡访华

2007年6月,全国政协副主席李贵鲜访问捷克

2007年6月,捷克参议院副主席利什卡访华

2008年1月,国务委员兼国务院秘书长华建敏访问捷克

2008年5月,捷克众议院副主席卡萨尔访华

2008年6月,捷克众议院副主席菲利访华

2008年8月,捷克总理托波拉内克访华

2008年10月,捷克副总理翁德拉访华

2009年5月,国务院总理温家宝访问捷克

2010年5月,捷克副总理兼外长科胡特访华

2010年8月,捷克参议院副主席什捷赫访华

2010年10月,国务院总理温家宝会见捷克总统克劳斯

2012年3月,捷克社民党第一副主席哈谢克访华

2012年4月,国务院总理温家宝会见捷克总理内恰斯

2012年7月,捷克总统夫人克劳索娃、参议院副主席什克罗马赫访华

2012年11月,国务院总理温家宝会见捷克总统克劳斯

2012年11月,捷克地方发展部部长扬科夫斯基访华

2013年7月,捷克摩拉维亚—西里西亚州州长诺瓦克访华

2013年11月,国务院总理李克强会见捷克总理鲁斯诺克

2014年2月,国家主席习近平会见捷克总统泽曼

2014年6月,捷克卫生部部长涅麦切克访华

2014年6月,捷克工贸部部长姆拉代克访华

2014年8月,国务院副总理张高丽访问捷克

2014年10月,捷克总统泽曼访华

2014年12月,国务院总理李克强会见捷克总理索博特卡

2014年12月,中共中央对外联络部部长王家瑞访问捷克

2015年3月,中国人民解放军副总参谋长孙建国上将访问捷克

2015年3月,重庆市委书记孙政才访问捷克

2015年4月，捷克议会众议院主席哈马切克访华
2015年5月，国家主席习近平会见捷克总统泽曼
2015年6月，国务院副总理刘延东访问捷克
2015年9月，捷克总统泽曼访华
2015年11月，全国政协副主席杜青林访问捷克
2015年11月，捷克总理索博特卡访华
2016年3月，国家主席习近平访问捷克
2016年4月，最高人民检察院检察长曹建民访问捷克
2016年6月，捷克总理索博特卡访华

爱沙尼亚：
2000年2月，全国人大财经委副主任委员葛洪升访问爱沙尼亚
2000年3月，最高人民检察院副检察长赵虹访问爱沙尼亚
2000年5月，全国人大外事委员会主任委员曾建徽访问爱沙尼亚
2000年9月，全国人大常委会委员长李鹏访问爱沙尼亚
2000年11月，爱沙尼亚民族事务部部长萨克斯访华
2001年3月，爱沙尼亚总统伦纳特·梅里访华
2001年4月，爱沙尼亚议会外委会主席塔兰德访华
2001年7月，爱沙尼亚议会爱中友好小组主席卡莱夫·凯洛访华
2001年9月，全国政协外事委员会主任委员田曾佩访问爱沙尼亚
2002年4月，中国审计署副审计长王道成率团访问爱沙尼亚
2002年6月，国家主席江泽民对爱沙尼亚进行国事访问
2002年9月，中国国家档案局代表团访问爱沙尼亚
2004年9月，全国人大中爱议员友好小组主席刘应明访问爱沙尼亚
2004年10月，国务院总理温家宝会见爱沙尼亚总理帕茨

2004年10月,全国政协副主席刘延东率团访问爱沙尼亚

2005年4月,国家体育总局副局长于再清访问爱沙尼亚

2005年8月,爱沙尼亚总统吕特尔访华

2006年3月,爱沙尼亚议会爱中友好议员小组主席克雷兹伯格访华

2006年4月,爱沙尼亚议会外委会副主席米盖尔森访华

2006年10月,全国政协主席贾庆林访问爱沙尼亚

2008年8月,爱沙尼亚总理安西普访华

2008年10月,爱沙尼亚总理安西普访华

2008年11月,全国人大财经委副主任委员赵可铭访问爱沙尼亚

2008年12月,中国经济社会理事会主席王忠禹访问爱沙尼亚

2009年4月,中联部副部长陈凤翔访问爱沙尼亚

2009年11月,国务院副总理张德江访问爱沙尼亚

2009年12月,爱沙尼亚议会外委会主席米科萨访华

2010年5月,全国人大常委会副委员长华建敏访问爱沙尼亚

2010年9月,中共中央政治局常委李长春访问爱沙尼亚

2011年1月,爱沙尼亚议长埃尔格马访华

2011年11月,爱沙尼亚议会爱中友好小组代表团访华

2012年4月,国务院总理温家宝会见爱沙尼亚总理安西普

2012年11月,国务院总理李克强会见爱沙尼亚总理安西普

2014年,爱沙尼亚议会外委会与全国人大外事委员会实现互访

2014年12月,国务院总理李克强会见爱沙尼亚总理罗伊瓦斯

2015年1月,农业部副部长牛盾访问爱沙尼亚

2015年4月,教育部副部长李卫红与爱沙尼亚教育与研究部部长尤尔根·利基签署了《中华人民共和国教育部与爱沙尼亚共

和国教育和研究部关于相互承认高等教育文凭的协议》

2015年7月，国家卫生和计划生育委员会副主任孙志刚率团访问爱沙尼亚

2015年10月，文化部副部长丁伟访问爱沙尼亚

2015年11月，国务院总理李克强会见爱沙尼亚总理罗伊瓦斯

2016年6月，国务委员杨晶访问爱沙尼亚

匈牙利：

2000年6月，全国人大常委会副委员长布赫访问匈牙利

2001年2月，国务委员吴仪访问匈牙利

2001年5月，匈牙利国会副主席西里访华

2001年6月，匈牙利宪法法院院长内迈特访华

2002年6月，上海市委书记黄菊访问匈牙利

2002年6月，匈牙利最高法院院长寿尔特访华

2003年7月，中组部部长贺国强访问匈牙利

2003年8月，匈牙利总理麦杰希访华

2003年9月，全国政协副主席王忠禹访问匈牙利

2003年9月，中联部部长王家瑞访问匈牙利

2004年4月，匈牙利最高检察长波尔特访华

2004年5月，国家民族事务委员会主任李德洙访问匈牙利

2004年6月，国家主席胡锦涛访问匈牙利

2004年6月，匈牙利民主论坛主席达维德访华

2004年6月，匈牙利内务部部长朗姆拜尔特访华

2004年11月，匈牙利国会副主席曼杜尔访华

2005年6月，北京市委书记刘淇访问匈牙利

2005年6月，匈牙利财政部部长韦雷什访华

2005年6月，匈牙利司法部部长拜特雷戴伊访华

2005年7月，匈牙利国防部部长尤哈斯访华

2005年9月，匈牙利总理久尔查尼访华

2005年11月，匈牙利社会党主席希莱尔访华

2006年2月，匈牙利国会主席西里访华

2006年5月，匈牙利最高法院院长罗姆尼茨访华

2006年9月，国防部部长曹刚川访问匈牙利

2006年9月，国务院副总理曾培炎访问匈牙利

2007年5月，全国人大常委会委员长吴邦国访问匈牙利

2007年6月，全国政协副主席李贵鲜访问匈牙利

2007年7月，北京市市长王岐山访问匈牙利

2007年8月，全国政协副主席周铁农访问匈牙利

2007年8月，匈牙利国防部部长塞盖莱什访华

2007年9月，匈牙利总理久尔查尼访华

2008年5月，全国政协主席贾庆林访问匈牙利

2008年5月，匈牙利前总理麦杰希访华

2008年5月，匈牙利宪法法院院长比豪里访华

2008年6月，匈牙利国会主席西里访华

2008年8月，匈牙利总理久尔查尼访华

2008年9月，国防部部长梁光烈访问匈牙利

2008年10月，匈牙利财政部部长维莱什访华

2008年11月，匈牙利国家发展和经济部部长鲍伊瑙伊访华

2008年11月，中组部部长李源潮访问匈牙利

2009年5月，匈牙利前总理麦杰希访华

2009年7月，中国经济社会理事会主席王刚访问匈牙利

2009年10月，国家副主席习近平访问匈牙利

2009年12月，中国国际交流协会副会长王志珍访问匈牙利

2009年12月，匈牙利青民盟主席欧尔班访华

2010年3月，匈牙利社会党主席兰德沃伊访华

2010年4月，统战部部长杜青林访问匈牙利

2010年5月，中国社会科学院院长陈奎元访问匈牙利

2010年5月，匈牙利前总理麦杰希访华

2010年8月，匈牙利副总理谢姆延访华

2010年8月，匈牙利国会副主席劳多尔曹伊访华

2010年9月，全国人大常委会副委员长华建敏访问匈牙利

2010年10月，匈牙利总理欧尔班访华

2010年12月，匈牙利国家发展部部长费莱基访华

2011年4月，全国人大常委会副委员长乌云其木格访问匈牙利

2011年5月，国务委员戴秉国访问匈牙利

2011年6月，国务院总理温家宝访问匈牙利

2012年4月，国务院副总理李克强访问匈牙利

2012年4月，国务院总理温家宝会见匈牙利总理欧尔班

2012年5月，全国政协副主席林文漪访问匈牙利

2012年7月，匈牙利国会副主席乌伊海伊访华

2012年11月，匈牙利国家经济部部长马托尔奇访华

2013年4月，匈牙利国会副主席乌伊海伊访华

2013年5月，匈牙利人力资源部部长鲍洛格访华

2013年11月，国务院总理李克强会见匈牙利总理欧尔班

2014年2月，匈牙利总理欧尔班访华

2014年8月，科技部部长万钢访问匈牙利

2014年10月，匈牙利外交与对外经济部部长西雅尔多来华进行工作访问

2014年12月，国务院总理李克强会见匈牙利总理欧尔班

2015年8月，最高人民检察院检察长曹建明访问匈牙利

2015年9月，匈牙利外交与对外经济部部长西雅尔多访华

2015年11月，匈牙利总理欧尔班访华

2016年5月，匈牙利国会常务副主席玛特劳伊访华

2016年6月，全国政协副主席陈元访问匈牙利

拉脱维亚：

2000年6月，拉脱维亚议会第一副议长里哈尔茨·皮克斯

访华

2000年6月，中国铁道部总调度长常国治访问拉脱维亚

2000年7月，拉脱维亚前总理、现议会外委会主席贡达尔斯·克拉斯茨夫妇来华访问

2000年9月，全国人大常委会委员长李鹏访问拉脱维亚

2001年5月，拉脱维亚议长亚尼斯·斯特拉乌梅访华

2001年8月，拉脱维亚前总理比尔卡夫斯访华

2001年9月，全国政协外事委员会主任田曾佩访问拉脱维亚

2002年5月，拉脱维亚副议长皮克斯访华

2002年6月，国家主席江泽民访问拉脱维亚

2003年1月，拉脱维亚外交部国务秘书里耶克斯津什、交通部国务秘书莱兹迪什访华

2003年4月，拉脱维亚议会副秘书长巴尔塔舍维奇访华

2003年10月，全国人大环境和资源保护委员会副主任委员朱育理访问拉脱维亚

2003年11月，拉脱维亚副议长叶卡勃松斯访华

2004年4月，拉脱维亚议会拉中友好议员小组副主席杰尼索夫斯访华

2004年4月，拉脱维亚总统弗赖贝加访华

2004年9月，全国人大中拉议会友好小组主席邢世忠访问拉脱维亚

2004年11月，拉脱维亚议会拉中友好小组主席戈尔德访华

2005年5月，中国人民外交学会会长卢秋田访问拉脱维亚

2005年5月，交通部副部长徐祖远访问拉脱维亚

2005年6月，拉脱维亚财政部部长斯普尔泽尼斯访华

2005年7月，拉脱维亚议会经济、农业、环境及地区政策委员会代表团访华

2005年7月，拉脱维亚籍欧洲议会议员皮克斯访华

2005年11月，拉脱维亚籍欧洲议会议员瓦伊德列访华

2005年11月，拉脱维亚议会拉中议员友好小组主席艾莉卡·佐梅列率团访华

2006年8月，拉脱维亚议长乌德烈率团访华

2006年9月，国务院总理温家宝会见拉脱维亚总统瓦伊拉·维凯—弗赖贝加

2007年9月，拉脱维亚总理阿伊戈尔斯·卡尔维季斯访华

2007年9月，拉脱维亚议会拉中议员友好小组主席艾莉卡·佐梅列访华

2008年8月，拉脱维亚总统扎特莱尔斯访华

2008年10月，拉脱维亚总理戈德马尼斯访华

2008年5月，拉脱维亚议会拉中议员友好小组主席艾莉卡·佐梅列访华

2008年9月，全国人大外事委员会代表团访问拉脱维亚

2009年4月，中联部副部长陈凤翔访问拉脱维亚

2009年8月，国务院副总理回良玉访问拉脱维亚

2009年9月，扎特莱尔斯总统访华

2010年5月，拉脱维亚总理东布罗夫斯基斯访华

2010年10月，拉脱维亚总统扎特莱尔斯访华

2011年3月，中联部部长王家瑞访问拉脱维亚

2011年4月，全国人大外事委员会主任李肇星访问拉脱维亚

2011年5月，全国人大常委会副委员长韩启德访问拉脱维亚

2011年5月，拉脱维亚团结联盟代表、经济部部长卡姆帕尔斯及和谐社会民主党主席乌尔巴诺维奇斯访华

2011年6月，拉脱维亚总理东布罗夫斯基斯访问中国香港

2012年4月，国务院总理温家宝会见拉脱维亚总理东布罗夫斯基斯

2012年9月，拉脱维亚总理东布罗夫斯基斯访华

2012年12月，全国政协副主席白立忱访问拉脱维亚

2013年11月，国务院总理李克强会见拉脱维亚总理代表、

外长林克维奇斯

2014年2月，拉脱维亚和谐社会民主党议会党团主席乌尔巴诺维奇斯访华

2014年3月，西藏自治区人大常委会主任白玛赤林访问拉脱维亚

2014年5月，拉脱维亚议长阿博尔京娜访华

2014年10月，国务院总理李克强会见拉脱维亚总统贝尔津什

2014年12月，国务院总理李克强会见拉脱维亚总理斯特劳尤马

2015年7月，拉脱维亚外交部国务秘书、中国—中东欧国家合作拉脱维亚国家协调员贝德高维奇斯访华

2015年11月，拉脱维亚总理斯特劳尤马访华

2016年6月，拉脱维亚外交部国务秘书、中国—中东欧国家合作拉脱维亚国家协调员贝德高维奇斯访华

立陶宛：

2000年1月，立陶宛第一副议长阿尔维达斯·维袭纳斯访华

2000年3月，立陶宛外长阿尔吉尔达斯·绍达尔加斯访华

2000年4月，全国人大教科文卫委员会副主任委员汪家镠访问立陶宛

2000年5月，立陶宛外交部国务秘书阿诺达斯·米鲁卡斯率团访华

2000年9月，全国人大常委会委员长李鹏会见立陶宛总统瓦尔达斯·阿达姆库斯

2000年9月，全国人大常委会委员长李鹏访问立陶宛

2001年3月，立陶宛考纳斯市政代表团访问厦门

2001年7月，中联部副部长蔡武访问立陶宛

2001年9月，全国政协外事委员会主任委员田曾佩访问立陶宛

2001年9月，立陶宛议会副议长安德留凯季斯访华

2002年4月，外交部部长助理刘古昌赴立陶宛磋商

2002年6月，国家主席江泽民对立陶宛进行国事访问

2002年9月，中国国家档案局副局长杨冬权访问立陶宛

2003年1月，立陶宛外交部国务秘书依格纳塔维丘斯、总统外事顾问梅隆纳斯访华

2003年5月，中国全国人大中立友好小组成立

2003年7月，全国人大副委员长乌云其木格率团访问立陶宛

2003年9月，立陶宛议长帕乌劳乌斯卡斯访华

2005年8月，最高人民检察院检察长贾春旺访立

2005年10月，立陶宛议会第一副议长契斯洛瓦斯·尤尔舍纳斯访华

2005年12月，立陶宛总检察长瓦兰蒂纳斯访华

2006年9月，立陶宛总统瓦尔达斯·阿达姆库斯访华

2006年10月，全国政协主席贾庆林访问立陶宛

2007年6月，中国人民对外友好协会代表团访问立陶宛

2007年6月，国家体育总局局长刘鹏访问立陶宛

2007年7月，全国人大常委会委员、外事委员会副主任委员杨国梁访问立陶宛

2007年11月，全国人大常委会副委员长司马义·艾买提访问立陶宛

2008年4月，立陶宛议会外委会主席卡罗萨斯访华

2008年6月，人大常委会副委员长王兆国会见立陶宛议会副议长佩凯留纳斯

2008年8月，国务院总理温家宝会见立陶宛总理基尔基拉斯

2008年12月，全国政协副主席王忠禹访问立陶宛

2009年4月，中联部副部长陈凤翔访问立陶宛

2009年7月，人力资源和社会保障部副部长杨志明访问立陶宛

2009年8月，国务院副总理回良玉访问立陶宛

2010年4月，立陶宛前总统帕克萨斯访华

2010年5月，中国商务部部长陈德铭访问立陶宛

2010年6月，中央纪委书记贺国强访问立陶宛

2010年9月，全国政协经济委员会主任张左己访问立陶宛

2010年10月，国家副主席习近平会见立陶宛总统格里鲍斯凯婕

2012年4月，国务院总理温家宝会见立陶宛总理库比留斯

2012年5月，立陶宛议会副议长塔马绍斯卡斯率立中议员小组访华

2012年9月，立陶宛总理库比留斯访华

2012年9月，全国人大常委会副委员长严隽琪访问立陶宛

2013年4月，立陶宛经济部部长维赛婕访华

2013年10月，立陶宛副议长希萨斯访华

2013年11月，国务院总理李克强会见立陶宛总理布特克维丘斯

2014年12月，国务院总理李克强会见立陶宛总理布特克维丘斯

2015年6月，国务院副总理张高丽访问立陶宛

2015年11月，国务院总理李克强会见立陶宛总理布特克维丘斯

2016年3月，立陶宛总理布特克维丘斯访华

2016年6月，国务委员杨晶访问立陶宛

马其顿：

2007年3月，中国人民解放军外事代表团访马

2007年4月，马其顿经济部部长拉法伊洛夫斯卡访华

2007年7月，马其顿国防部国务秘书斯特里约夫斯卡访华

2007年9月，中共中央对外联络部部长王家瑞访问马其顿

2007年9月，马其顿社会民主联盟副主席马克拉杜里访华

2007年10月，中国伊斯兰教协会会长陈广元访问马其顿

2008年5月，中马政府间经贸混委会会议召开

2008年9月，浙江省副省长钟山访问马其顿

2008年9月，马其顿信息部部长伊万诺夫斯基访华

2008年11月，马其顿妇女联合会代表团访华

2008年11月，南昌市市长胡宪访问马其顿斯科普里市

2009年2月，斯科普里市市长科斯托夫斯基访问南昌

2009年5月，中马农业合作论坛举行

2009年6月，商务部副部长姜增伟访问马其顿

2009年6月，中马科技合作委员会第二届会议、中马商务论坛暨企业家洽谈会召开

2009年9月，马其顿副总理佩舍夫斯基访华

2009年11月，马其顿军队总参谋长斯托亚诺夫斯基中将访华

2009年11月，中国新闻工作者协会代表团访问马其顿

2010年5月，中国伊斯兰教协会副会长阿地里江·阿吉克力本访问马其顿

2010年5月，马其顿社会民主联盟主席茨尔文科夫斯基访华

2010年6月，中国人民解放军副总参谋长马晓天上将访问马其顿

2010年9月，马其顿劳动和社会政策部部长杰拉尔·巴伊拉米访华

2010年9月，马其顿外国投资署署长维克多·米佐访华

2010年9月，马其顿农林水利部副部长帕瑞卡·伊凡诺斯基访华

2010年11月，大连市人大常委会主任怀忠民访问马其顿

2011年5月，广东海外联谊会会长周镇宏访问马其顿

2011年7月，商务部国际贸易谈判代表兼副部长高虎城访问马其顿

2011年9月，马其顿经济部部长法特米尔·贝希米访华

2011年11月，农业部副部长高鸿宾访问马其顿

2011年11月，马其顿总统夫人伊万诺娃访华

2011年11月，"马其顿文化日"活动在北京和大连举行

2011年12月，马其顿国防部部长法特米尔·贝希米访华

2012年6月，卫生部副部长、国家中医药管理局局长王国强访问马其顿

2012年7月，国家体育总局副局长冯建中访问马其顿

2013年1月，国防部部长梁光烈上将访问马其顿

2013年4月，马其顿内部革命组织派团访华

2013年5月，中马科技混委会第三次例会在马举行

2013年5月，马其顿文化部副部长奈戴利科维奇访华

2013年9月，马其顿农林水资源部经济国务顾问佩里察·伊万诺斯基访华

2013年10月，马其顿内务部部长扬库洛夫斯卡访华

2014年4月，公安部副部长杨焕宁访问马其顿

黑山：

2007年8月，黑山议长兰科·克里沃卡皮奇访华

2008年6月，黑山副总理武伊察·拉佐维奇访华

2008年8月，黑山总统菲利普·武亚诺维奇访华

2008年9月，黑山总理米洛·久卡诺维奇访华

2009年5月，全国政协副主席张梅颖访问黑山

2010年5月，黑山总统菲利普·武亚诺维奇访华

2010年6月，全国妇联主席陈至立访问黑山

2010年9月，中共中央政治局常委李长春访问黑山

2011年1月，黑山议会国际关系和欧洲一体化委员会主席米奥德拉格·武科维奇访华

2011年9月，全国政协副主席陈奎元访问黑山

2012年3月，国务院副总理回良玉对黑山进行正式访问

2012年4月,国务院总理温家宝会见黑山总理卢克希奇

2012年8月,国务院副总理回良玉会见黑山总理卢克希奇

2012年9月,国防部外办主任钱利华少将访问黑山

2013年10月,黑山约韦蒂奇国家协调员出席在布加勒斯特举行的中国—中东欧国家合作国家协调员会议

2013年11月,国务院总理李克强会见黑山总理久卡诺维奇

2014年8月,黑山总统武亚诺维奇访华

2014年11月,全国人大常委会副委员长张平访问黑山

2014年12月,国务院总理李克强会见黑山总理久卡诺维奇

2015年11月,黑山总理久卡诺维奇访华

2016年6月,国务院副总理马凯会见黑山副总理伊万诺维奇

波兰:

2000年6月,全国人大常委会副委员长布赫访问波兰

2001年6月,中国国际交流协会会长李贵鲜访问波兰

2001年7月,波兰副众议长克鲁尔访华

2001年8月,波兰副众议长扎雍茨访华

2002年6月,国务院秘书长王忠禹、广东省委书记李长春访问波兰

2002年7月,国务委员吴仪访问波兰

2002年8月,波军总参谋长皮昂塔斯访华

2003年5月,国家主席胡锦涛同波兰总统克瓦希涅夫斯基会晤

2003年7月,全国人大常委会副委员长乌云其木格访问波兰

2003年9月,全国政协副主席罗豪才访问波兰

2003年9月,波兰参议长帕斯图夏克访华

2003年9月,波兰国家安全局局长西维茨访华

2003年9月,中国人民解放军总装备部政委迟万春中将访问波兰

2003年10月,全国政协外事委员会主任刘剑锋访问波兰

2003年11月，全国人大财经委主任委员傅志寰访问波兰

2004年2月，波兰参议院副议长达涅拉克率波议会妇女小组代表团访华

2004年6月，国家主席胡锦涛对波兰进行国事访问

2004年10月，国务院总理温家宝会见波兰总理贝尔卡

2004年11月，全国人大常委会副委员长司马义·艾买提访问波兰

2005年4月，全国人大预算委员会主任委员刘积斌访问波兰

2005年4月，波兰参议院外委会主席库拉克和众议院环保委主席菲利佩克分别访华

2005年7月，全国人大外事委员会主任委员姜恩柱访问波兰

2005年9月，波兰副参议长达涅拉克访华

2006年1月，波兰副众议长、自卫党主席莱佩尔访华

2006年4月，国务院副总理回良玉访问波兰

2006年9月，国务院总理温家宝会见波兰总理卡钦斯基

2006年9月，国务委员陈至立访问波兰

2006年11月，波兰副总理兼农业部部长莱佩尔访华

2007年1月，波兰议会妇女小组主席奥莱霍夫斯卡访华

2007年2月，波兰总统特使、文化与国家遗产部部长乌雅兹多夫斯基访华

2007年3月，国家质检总局局长李长江访问波兰

2007年3月，波兰民左联党主席、副众议长奥莱伊尼查克访华

2007年5月，铁道部代表团访问波兰

2007年5月，全国人大常委会委员长吴邦国访问波兰

2007年6月，国家体育总局局长刘鹏访问波兰

2007年6月，卫生部副部长王陇德访问波兰

2007年6月，全国人大教科文卫委员会副主任委员邢世忠访问波兰

2007年7月，波兰劳动和社会政策部部长卡拉塔访华

2007年7月，波兰建设部部长阿乌米莱尔访华

2007年7月，波兰经济部国秘蓬采留什访华

2007年9月，波兰运输部部长波拉契克访华

2007年11月，文化部部长孙家正访问波兰

2007年11月，中共中央对外联络部副部长张志军访问波兰

2008年1月，国务院副总理曾培炎访问波兰

2008年2月，建设部部长汪光焘访问波兰

2008年2月，中国人民对外友好协会会长陈昊苏访问波兰

2008年3月，铁道部副部长卢春房访问波兰

2008年4月，国家发展改革委员会副主任王金祥访问波兰

2008年5月，波兰文化与民族遗产部国务秘书茹霍夫斯基访华

2008年6月，波兰议会众议院外委会主席利塞克、参议院外委会主席凯莱斯访华

2008年7月，农业部副部长牛盾访问波兰

2008年8月，波兰奥委会主席努罗夫斯基访华

2008年9月，全国人大民族委员会副主任委员陆兵访问波兰

2008年9月，交通部副部长徐祖远访问波兰

2008年9月，波兰副总理兼经济部部长帕夫拉克访华

2008年10月，国家发展改革委员会副主任解振华访问波兰

2008年10月，波兰总理图斯克访华

2008年11月，中共中央纪律检查委员会副书记黄树贤访问波兰

2009年3月，中联部副部长张志军访问波兰

2009年3月，波兰总理特使、总理府国务秘书诺瓦克访华

2009年6月，波兰基础设施部部长格拉巴尔赤克访华

2009年7月，中国人民对外友好协会会长陈昊苏访问波兰

2009年8月，中国人民解放军总政治部主任李继耐访问波兰

2009年12月，波兰国防部部长克利赫访华

2010年2月，外交部副部长张志军访问波兰

2010年3月，波兰最高监察院院长耶杰尔斯基访华

2010年5月，波兰文化和国家遗产部部长兹德罗耶夫斯基访问波兰

2010年5月，波兰农业部部长萨维茨基访华

2010年5月，波兰卫生部部长科帕奇访华

2010年7月，民建中央副主席张少琴访问波兰

2010年9月，全国人大教科文卫委员会主任白克明访问波兰

2010年9月，全国人大常委会法制工作委员会副主任信春鹰访问波兰

2010年9月，兰州军区司令员王国生上将访问波兰

2010年9月，波兰前总统克瓦希涅夫斯基访华

2010年10月，波军总参谋长切钮赫上将访华

2010年11月，波兰众议长斯海蒂纳访华

2010年11月，全国政协主席贾庆林访问波兰

2011年5月，国家档案局副局长李明华访问波兰

2011年5月，国家行政学院副院长周文彰访问波兰

2011年5月，司法部副部长陈训秋访问波兰

2011年6月，全国人大常委会副委员长王兆国访问波兰

2011年6月，中华全国总工会副主席、书记处第一书记王玉普访问波兰

2011年6月，国务院法制办副主任袁曙宏访问波兰

2011年6月，波兰前副总理科沃德克访华

2011年7月，中央纪委书记贺国强访问波兰

2011年8月，中联部副部长于洪君访问波兰

2011年10月，波兰陆军司令戈文卡中将、空军司令马耶夫斯基中将访华

2011年12月，波兰总统科莫罗夫斯基访华

2012年4月，国务院总理温家宝访问波兰
2012年5月，中央政法委副书记王乐泉访问波兰
2012年5月，国防部部长梁光烈上将访问波兰
2012年5月，波兰副总理兼经济部部长帕夫拉克访华
2012年8月，中国人权发展基金会理事长黄孟复访问波兰
2012年11月，波军第一副总参谋长米·格楚中将访华
2012年12月，中国国际交流协会副会长王志珍访问波兰
2012年12月，波兰海军司令马特海阿中将访华
2013年5月，波兰国防部部长谢莫尼亚克访华
2013年6月，波兰众议长科帕奇访华
2013年9月，国务院总理李克强会见波兰图斯克总理
2013年11月，国家发展改革委员会副主任解振华访问波兰
2013年12月，波兰参议长博鲁塞维奇访华
2014年3月，西藏自治区人大常委会主任白玛赤林访问波兰
2014年6月，重庆市委书记孙政才访问波兰
2014年8月，科技部部长万钢、国防部部长常万全访问波兰
2014年9月，《经济界》杂志社高级顾问马培华访问波兰
2015年5月，台盟中央主席、两岸同胞民间交流促进会会长林文漪访问波兰
2015年8月，波兰副总理兼国防部部长谢莫尼亚克访华
2015年9月，波兰众议长基达瓦—布翁斯卡访华
2015年11月，波兰总统杜达访华
2016年3月，波兰前总统科莫罗夫斯基访华
2016年6月，国家主席习近平访问波兰

罗马尼亚：
2004年6月，国家主席胡锦涛访问罗马尼亚
2006年3月，罗马尼亚总统伯塞斯库访华
2006年5月，全国人大常委会委员长吴邦国访问罗马尼亚
2006年9月，国防部部长曹刚川访问罗马尼亚

2007年3月，罗马尼亚议会众议院议长奥尔泰亚努访华
2007年4月，国务院副总理回良玉访问罗马尼亚
2007年7月，全国政协副主席徐匡迪访问罗马尼亚
2008年1月，国务院副总理曾培炎访问罗马尼亚
2008年5月，全国政协主席贾庆林访问罗马尼亚
2008年6月，罗马尼亚议会参议院副议长尼古拉访华
2008年6月，罗马尼亚议会参议院议长沃克罗尤访华
2008年8月，罗马尼亚议会众议院议长奥尔泰亚努访华
2008年8月，罗马尼亚总统伯塞斯库访华
2008年9月，罗马尼亚前总统、社会民主党名誉主席伊利埃斯库访华
2009年6月，全国政协副主席王刚访问罗马尼亚
2009年6月，罗马尼亚议会参议院议长杰瓦讷访华
2009年10月，国家副主席习近平访问罗马尼亚
2010年3月，中国科学院院长路甬祥访问罗马尼亚
2011年4月，中共中央政治局常委李长春访问罗马尼亚
2011年8月，罗马尼亚总理博克访华
2012年4月，国务院总理温家宝会见罗马尼亚总理温古雷亚努
2012年5月，罗马尼亚中央政法委副书记乐泉访问罗马尼亚
2012年5月，罗马尼亚审计法院院长沃克罗尤访华
2013年6月，罗马尼亚总理蓬塔访华
2013年9月，全国人大常委会副委员长吉炳轩访问罗马尼亚
2013年10月，罗马尼亚议会参议院副议长杜米特雷斯库访华
2013年11月，国务院总理李克强访问罗马尼亚
2014年3月，罗马尼亚第一副总理兼地区发展和公共行政部部长德拉格内亚访华
2014年6月，重庆市委书记孙政才访问罗马尼亚

2014年8月，科技部部长万钢访问罗马尼亚

2014年8月，罗马尼亚总理蓬塔访华

2014年9月，国务院副总理张高丽访问罗马尼亚

2014年12月，国务院总理李克强会见罗马尼亚总理蓬塔

塞尔维亚：

2007年4月，中国国务院副总理回良玉访问塞尔维亚

2007年9月，外交部部长杨洁篪同塞尔维亚总统塔迪奇举行双边会晤

2007年9月，塞尔维亚外交部部长武克·耶雷米奇访华

2007年9月，中国外交部领导成员乔宗淮访问塞尔维亚

2008年8月，塞尔维亚总统塔迪奇访华

2009年8月，塞尔维亚总统塔迪奇访华

2010年6月，塞尔维亚总理茨韦特科奇访华

2010年7月，全国人大常委会委员长吴邦国访问塞尔维亚

2010年9月，塞尔维亚副总理兼经济部部长丁基奇访华

2011年7月，中央纪委书记贺国强访问塞尔维亚

2011年8月，塞尔维亚议长久基奇—德亚诺维奇访华

2012年4月，国务院总理温家宝会见塞尔维亚总理茨韦特科维奇

2012年9月，中国—中东欧国家合作塞方协调员，塞尔维亚教育、科学和技术发展部部长奥布拉多维奇访华

2012年10月，全国政协副主席张榕明访问塞尔维亚

2012年12月，第67届联合国大会主席耶雷米奇访华

2013年4月，第67届联合国大会主席耶雷米奇访华

2013年7月，塞尔维亚总理顾问、国家协调员代表普雷莫维奇访华

2013年8月，塞尔维亚总统尼科利奇访华

2013年11月，国务院总理李克强会见塞尔维亚总理达契奇

2014年7月，塞尔维亚总理外事顾问马特科维奇访华

2015年1月，国务院总理李克强会见塞尔维亚总理武契奇
2015年6月，国务院副总理张高丽访问塞尔维亚
2015年9月，塞尔维亚总统尼科利奇访华
2016年11月，塞尔维亚总理武契奇正式访华
2016年6月，国家主席习近平对塞尔维亚进行国事访问

斯洛伐克：
2000年5月，斯洛伐克文化部部长克尼亚什科访华
2000年6月，全国人大常委会委员长李鹏访问斯洛伐克
2001年2月，国务委员吴仪访问斯洛伐克
2002年1月，斯洛伐克国民议会副主席赫鲁肖夫斯基访华
2002年5月，中国人民解放军总参谋长傅全有访问斯洛伐克
2002年11月，国务院副总理李岚清访问斯洛伐克
2003年1月，斯洛伐克总统舒斯特访华
2004年5月，斯洛伐克副总理兼经济部部长鲁斯科访华
2005年12月，国务院总理温家宝访问斯洛伐克
2006年11月，斯洛伐克斯军总参谋长布利克访华
2007年2月，斯洛伐克总理菲佐访华
2007年5月，全国人大常委会副委员长乌云其木格访问斯洛伐克
2007年7月，斯洛伐克国防部部长卡希茨基访华
2008年8月，斯洛伐克总统加什帕罗维奇访华
2008年11月，斯洛伐克议长帕什卡访华
2009年6月，国家主席胡锦涛访问斯洛伐克
2009年9月，国务委员兼国防部部长梁光烈访问斯洛伐克
2009年12月，中国国际交流协会副会长王志珍访问斯洛伐克
2010年2月，斯洛伐克第一副总理恰普洛维奇访华
2010年5月，斯洛伐克最高法院院长哈拉宾及副总理兼司法部部长佩特里科娃访华

2010年9月，斯洛伐克总统加什帕罗维奇访华

2011年9月，最高法院副院长沈德咏等访问斯洛伐克

2012年4月，国务院总理温家宝会见斯洛伐克总理菲佐

2012年11月，斯洛伐克劳动部部长里赫特尔、斯军总参谋长沃伊泰克访华

2013年1月，斯洛伐克最高法院院长哈拉宾访华

2013年2月，国务院副总理回良玉等访问斯洛伐克

2013年7月，斯洛伐克副总理瓦日尼访华

2013年9月，全国人大常委会委员长张德江访问斯洛伐克

2013年11月，国务院总理李克强会见斯洛伐克总理菲佐

2014年12月，国务院总理李克强会见斯洛伐克总理菲佐

2014年12月，中联部部长王家瑞访问斯洛伐克

2015年5月，斯洛伐克国民议会议长佩列格里尼访华

2015年11月，斯洛伐克副总理瓦日尼访华

斯洛文尼亚：

2007年11月，斯洛文尼亚总理雅奈兹·扬沙访华

2008年5月，全国政协主席贾庆林访问斯洛文尼亚

2008年10月，斯洛文尼亚总统图尔克访华

2009年7月，全国政协副主席杜青林访问斯洛文尼亚

2009年8月，国务院副总理回良玉访问斯洛文尼亚

2010年6月，斯洛文尼亚总理博鲁特·帕霍尔访华

2011年4月，中共中央政治局常委李长春访问斯洛文尼亚

2011年5月，全国人大常委会副委员长韩启德访问斯洛文尼亚

2011年6月，斯洛文尼亚议长甘塔尔访华

2011年9月，斯洛文尼亚国民委员会主席布拉日·卡弗契齐访华

2012年4月，国务院总理温家宝会见斯洛文尼亚共和国总理雅奈兹·扬沙

2012年9月，中国—中东欧国家合作斯洛文尼亚国家协调员、外交部经济外交司总司长拉什昌访华

2013年6月，全国政协外事委员会副主任刘京访问斯洛文尼亚

2013年7月，中国—中东欧国家合作斯洛文尼亚国家协调员、外交部经济外交司总司长拉什昌访华

2013年11月，国务院总理李克强会见斯洛文尼亚总理布拉图舍克

2014年6月，斯洛文尼亚议会外委会主席克拉辛茨访华

2014年7月，斯洛文尼亚前总统图尔克访华

2015年3月，重庆市委书记孙政才率中共代表团访问斯洛文尼亚

2015年6月，斯洛文尼亚国民委员会主席米蒂亚·贝尔瓦尔访华

2015年6月，斯洛文尼亚前总统图尔克访华

2015年7月，中国—中东欧国家合作斯洛文尼亚国家协调员、外交部经济外交司总司长拉什昌访华

2015年10月，全国人大民族委员会副主任委员克里木拜率团访问斯洛文尼亚

2015年11月，斯洛文尼亚总理采拉尔访华

2015年11月，斯洛文尼亚副总理兼农林食品部部长戴扬·日丹访华

附录6

中国—中东欧外交访问统计

阿尔巴尼亚：

2000年12月，外交部部长唐家璇访问阿尔巴尼亚

2004年3月，阿尔巴尼亚外长伊斯拉米访华

2005年3月，外交部部长李肇星访问阿尔巴尼亚

2005年12月，外交部副部长张业遂赴阿尔巴尼亚进行两国外交部副外长级磋商

2006年11月，阿尔巴尼亚外长穆斯塔法伊访华

2008年1月，阿尔巴尼亚副外长古拉库奇来华进行两国副外长级政治磋商

2009年2月，外交部部长助理吴红波访问阿尔巴尼亚

2011年8月，外交部部长杨洁篪访问阿尔巴尼亚

2012年8月，阿尔巴尼亚外长帕纳里蒂访华

2012年9月，中国—中东欧国家合作阿方国家协调员、阿副外长贝洛尔塔亚来华出席中国—中东欧国家合作秘书处成立大会暨首次国家协调员会议

波黑：

2007年9月，外交部部长助理孔泉赴波黑进行两国外交部磋商

2008年12月，波黑副外长阿娜·特里希奇·巴比奇访华

2011年9月，外交部副部长傅莹赴波黑举行两国外交部政治磋商

2012年5月，中波两国外交部首轮清理条约磋商在萨拉热窝举行

2013年2月，中波两国外交部第二轮清理条约磋商在京举行

2016年1月，外交部部长助理刘海星赴波黑举行两国外交部政治磋商

保加利亚：

2002年4月，保加利亚外长帕西访华

2008年8月，外交部部长杨洁篪访问保加利亚

2015年10月，外交部部长王毅访问保加利亚

克罗地亚：

2012年10月，外交部副部长宋涛赴克罗地亚进行两国外交部磋商

2015年9月，外交部部长王毅会见克罗地亚第一副总理兼外交和欧洲事务部部长普西奇

捷克：

2001年4月，外交部部长唐家璇访问捷克

2002年2月，外交部副部长李肇星访问捷克

2013年11月，外交部副部长宋涛访问捷克

2014年4月，捷克外长扎奥拉莱克访华

2015年10月，外交部部长王毅应邀对捷克进行正式访问

爱沙尼亚：

2000年2月，爱沙尼亚副外长马尔特·海尔姆访华

2000年11月，外交部副部长张德广会见爱沙尼亚外交部国务秘书因德里克·塔兰德

2001年9月，立陶宛与爱沙尼亚、拉脱维亚驻华使馆共同举办庆祝波罗的海三国与中国建交十周年招待会，外交部部长助理周文重出席

2002年4月，外交部部长助理刘古昌访问爱沙尼亚，与爱沙尼亚外交部主管政治事务的副外长雷纳特和主管对外经济政策的副外长尼尔克举行磋商

2003年12月，爱沙尼亚副外长英特尔曼访华

2004年5月，爱沙尼亚主管行政事务的副外长瓦尔曼访华

2004年10月，外交部副部长张业遂率团访爱

2005年8月，外交部部长李肇星访问爱沙尼亚

2007年1月，爱沙尼亚外长佩特访华

2007年12月，爱沙尼亚外交部秘书长马西卡斯来华与外交部部长助理孔泉签署两国外交部磋商议定书

2008年12月，外交部领事司副司长孙大力率团访问爱沙尼亚

2008年12月，外交部部长助理吴红波率团访问爱沙尼亚

2010年4月，爱沙尼亚外长佩特访华

2015年1月，爱沙尼亚外长彭图斯·罗西曼努斯访华

匈牙利：

2000年12月，外交部部长唐家璇访问匈牙利

2005年10月，匈牙利外交部部长寿莫吉访华

2007年4月，匈牙利外交部部长根茨访华

2008年10月，匈牙利外交部部长根茨来华出席第七届亚欧首脑会议

2009年7月，匈牙利外交部部长鲍拉日访华

2010年2月，匈牙利外交部部长鲍拉日访华

2011年6月，外交部部长杨洁篪访问匈牙利

2015年6月，外交部部长王毅访问匈牙利

拉脱维亚：

2000年6月，拉脱维亚外长英杜利斯·别尔津什来华访问

2002年4月，外交部部长助理刘古昌访问拉脱维亚

2003年10月，拉脱维亚外交部副国务秘书瓦伊瓦尔斯来华磋商

2004年10月，外交部副部长张业遂赴拉脱维亚磋商

2005年5月，拉脱维亚外长帕布利克斯访华

2005年8月，外交部部长李肇星正式访问拉脱维亚

2006年3月，拉脱维亚外交部国务秘书彭凯访华

2007年5月，外交部部长杨洁篪会见拉脱维亚外长阿尔迪斯·帕布利克斯

2007年9月，外交部部长助理孔泉访问拉脱维亚

2007年10月，拉脱维亚外交部副国务秘书伊尔格瓦尔斯·克列瓦访华

2009年5月，外交部部长杨洁篪与拉脱维亚外长里耶克斯津什在河内亚欧外长会议期间交换意见

2010年3月，拉脱维亚外交部国务秘书杰克马尼斯来华与外交部副部长傅莹磋商

2010年4月，拉脱维亚议会外委会主席别尔津什应邀访华

2012年11月，拉脱维亚议会外委会主席卡尔宁斯访华

2013年4月，拉脱维亚议会拉中友好小组主席波塔普金斯访华

2013年7月，外交部副部长宋涛访问拉脱维亚

2013年9月，拉脱维亚外交部国务秘书、中国—中东欧国家合作拉脱维亚国家协调员贝德高维奇斯访华

2016年2月，拉脱维亚外交部国务秘书助理史迪普瑞斯来华进行两国外交部政治磋商

立陶宛：

2003年9月，外交部副部长刘古昌会见立陶宛外交部国务秘书依格纳塔维丘斯

2004年4月，外交部部长助理李金章会见立陶宛外交部副国务秘书尤尔格列维丘斯

2004年10月，外交部副部长张业遂访问立陶宛

2005年5月，立陶宛外交部副国务秘书契库利斯率团访华

2006年4月，立陶宛外长瓦利奥尼斯访华

2007年11月，立陶宛外交部副国务秘书奥斯卡拉斯·尤西斯访华

2008年11月，中国外交部领事司副司长孙大力访问立陶宛

2008年12月，中国外交部部长助理吴红波访问立陶宛

2009年5月，外交部部长杨洁篪与立陶宛外长乌沙茨卡斯会晤

2009年11月，立陶宛外交部副部长阿多马维丘斯访华

2011年3月，外交部欧洲司司长李瑞宇访问立陶宛

2011年5月，立陶宛外长阿茹巴利斯访华

2013年7月，立陶宛副外长格里斯丘纳斯访华

马其顿：

无统计

黑山：

2007年7月，黑山外长助理米洛拉德·什切帕诺维奇访华

2007年9月，外交部部长杨洁篪与黑山总理什图拉诺维奇会晤，外交部部长助理孔泉访问黑山

2008年7月，黑山外长米兰·罗钦访华

2009年1月，黑山外长助理德拉甘·久罗维奇访华

2010年10月，黑山外交部秘书长米尔萨德·比博维奇访华

波兰：

2000年12月，外交部部长唐家璇对波兰进行正式访问

2001年3月，波兰外长巴尔托舍夫斯基访华

2002年6月，波兰副外长扎乌茨基来华进行两国外交部磋商

2004年4月，波兰副外长纳亚尔访华

2005年3月，外交部副部长张业遂访问波兰

2005年9月，外交部部长李肇星会见波兰外长罗特菲尔德

2006年3月，波兰外长梅勒访华

2006年9月，外交部部长李肇星会见波兰外长福蒂加

2007年5月，外交部部长杨洁篪会见波兰外长福蒂加

2007年8月，波兰外交部副国务秘书瓦什奇科夫斯基来华磋商

2008年10月，波兰外交部副国务秘书施内普夫访华

2011年6月，波兰外交部副部长斯泰尔马赫访华

2011年8月，外交部部长杨洁篪访问波兰

2011年10月，外交部部长助理吴海龙访问波兰

2011年11月，波兰外交部副国务秘书波米亚诺夫斯基访华

2012年3月，外交部副部长宋涛访问波兰

2012年9月，波兰外长西科尔斯基访华

2013年9月，外交部部长王毅与波兰外长西科尔斯基举行双边会晤

2015年4月，外交部副部长王超访问波兰

2015年6月，波兰外长谢蒂纳访华

2015年10月，外交部部长王毅访问波兰

2016年4月，波兰外长瓦什奇科夫斯基访华

罗马尼亚：

2008年10月，罗马尼亚外长科默内斯库访华

2009年9月，罗马尼亚外长迪亚科内斯库访华

2010年7月，罗马尼亚外长巴孔斯基访华

2012年10月，罗马尼亚外长科尔勒采恩访华

塞尔维亚：

2010年4月，塞尔维亚外长耶雷米奇访华

2011年5月，外交部部长杨洁篪访问塞尔维亚

2012年3月，塞尔维亚外长访华

2012年7月，塞尔维亚外长耶雷米奇访华

2013年4月，塞尔维亚外交部国务秘书马夫里奇访华

2013年10月，外交部副部长宋涛访问塞尔维亚

2013年11月，国务委员杨洁篪、外交部副部长李保东会见塞尔维亚前外长耶雷米奇

斯洛伐克：

2006年12月，斯洛伐克外长库比什访华

2015年2月，斯洛伐克副总理兼外长莱恰克访华

2016年7月，斯洛伐克外长莱恰克访华

斯洛文尼亚：

2007年5月，外交部部长杨洁篪与斯洛文尼亚外长迪米特里伊·鲁佩尔举行会晤

2007年8月，外交部部长助理孔泉访问斯洛文尼亚

2008年6月，外交部部长杨洁篪访问斯洛文尼亚

2013年10月，斯洛文尼亚外交部国务秘书伊格尔·森查尔访华。

陈新，中国社会科学院欧洲研究所经济研究室主任，研究员，法学博士。课题组主持人，全书主要执笔人，负责全书统稿，具体执笔写作第一章（中国—中东欧经贸合作评价体系的构建），第二章（中国—中东欧经贸合作评价体系指标的数据说明），第六章（中东欧营商环境及中国—中东欧双边合作坐标图分析），第七章（中国—中东欧经贸合作进展路径及政策建议）。

杨成玉，中国社会科学院欧洲研究所经济研究室，助理研究员，经济学博士。具体执笔写作第三章（中东欧营商环境指数及中国—中东欧双边合作指数），第四章（中东欧营商环境及中国—中东欧双边合作模块分析），第五章（中东欧营商环境及中国—中东欧双边合作国别分析）。